中国信鸽协会

CRPA

中国信鸽竞赛规则

2019

中国信鸽协会　审定

人民体育出版社

图书在版编目（CIP）数据

中国信鸽竞赛规则. 2019 / 中国信鸽协会审定. --北京：人民体育出版社, 2019 (2025.10重印)
ISBN 978-7-5009-5608-2

Ⅰ. ①中… Ⅱ. ①中… Ⅲ. ①信鸽—竞赛规则—中国
Ⅳ. ①G899.4

中国版本图书馆CIP数据核字(2019)第146345号

中国信鸽竞赛规则. 2019

中国信鸽协会　审定
出版发行：人民体育出版社
印　　装：北京中献拓方科技发展有限公司

开　本：880×1230　32开本　　印　张：5.25　　字　数：103千字
版　次：2019年9月第1版　　印　次：2025年10月第8次印刷
书　号：ISBN 978-7-5009-5608-2
印　数：17,501—18,000册
定　价：30.00元

联系电话：（010）67151482
社　　址：北京市东城区体育馆路8号（100061）
网　　址：https://books.sports.cn/

前　言

中国现代赛鸽运动起源于20世纪30年代，从初创至今已近百年。其间，从信鸽爱好者自娱自乐，到自发组织俱乐部、地方协会，特别是1984年成立中国信鸽协会，1999年国家体育总局批准成为全国正式开展的运动项目，信鸽运动经历了同所有体育项目一样的发展轨迹，即从娱乐进化成游戏，再升华为竞赛运动。

从20世纪末开始，我国信鸽运动发展迅猛。中国信鸽协会加入国际鸽联，在国际上影响日益加强，同时民间的国际交往也日益频繁；国家体育总局颁布了一系列信鸽运动政策法规，法制建设初具雏形；协会建设稳步发展，各级协会总和超过 1300 个，形成基本覆盖全国的网络化形态；信鸽爱好者逐年增多，专业水平逐年提高，积极参加各级赛事；信鸽企业积极参与，俱乐部、公棚数量激增；信鸽产业日趋完善，规模庞大；以信鸽国家赛为龙头，各级协会、企业组织的不同形式的信鸽竞赛活动层出不穷，每年超过万场，且初步显现出竞赛职业化的趋势。我们也密切关注到，信鸽运动在迅猛发展的同时，仍存在着很多问题，需要逐步解决。

2014 年，中国信鸽协会提出了我国信鸽运动发展的基本思路，提出了中国要从信鸽大国逐步发展成信鸽强国，实现信鸽运动的规范化、科学化、专业化和国际化。规范化是信鸽运动发展的基础，其首要对象是贯穿于信鸽运动整体发展过程的核心环节——竞赛活动，而竞赛的核心是规则。

自中国信鸽协会成立以来，先后出版了多部全国统一的竞赛规则。目前使用的 2015 版规则是参照2002版规则的框架，根据国际鸽联的通行原则，结合中国信鸽运动发展的实际情况，由规则编写小组集体撰写而成，对规范我国信鸽竞赛活动起到了非常重要的作用。但随着近年信鸽运动的发展和竞赛手段的变化，其中部分条款的内容需要相应修订与适当增减。

为此，中国信鸽协会自2018年10月至2019年4月先后召开了四次规则研讨和修订工作会议，并成立了以邢小泉为组长、宋智海和黄剑为副组长的规则修订组，经过多次研究与讨论，形成了现在的这本《中国信鸽竞赛规则》(2019)。

新规则保留了原规则的绝大部分内容，且兼具原规则普及与提高相结合、新旧相依、繁简兼容的特点，可认为是2015版规则的修订本。修订的目的，无非是使其更符合实际和便于执行。

本规则公布之后，以往制定的有关信鸽运动的规则、规定等条文若有与本规则不符之处，均以本规则为准。

最后，向为本规则付出辛勤劳动的人民体育出版社编审范孙操，向樊荣、陈叶林、陆建阳、陈志平、蒋夏宁等为本规则做出过贡献的所有人士，表示衷心的感谢！

中国信鸽协会

2019年6月

目　录

第一章　总　则

第一条　宗　旨

为使中国信鸽运动有序运行和可持续发展，确保信鸽竞赛公正、准确、真实，同时也为信鸽竞赛的参赛者和裁判员提供遵守和执裁的依据，特制定本规则。

第二条　行为准则

反对一切违背体育道德的行为，坚决抵制将不公正的手段用于比赛。竞赛组织者须遵守公平、公正、公开的原则。参赛者须遵守竞赛规程和有关规定，服从裁判员的裁决。裁判员须严肃、认真、公正、准确地执裁。

第三条　信鸽运动和信鸽竞赛定义

信鸽运动是一项人与信鸽相结合的运动，由信鸽育翔者培育、饲养信鸽，讲究养训之技巧，以信鸽最快速度飞完所需空距为基本特征。

信鸽竞赛是由各级具有相应资质的组织或单位举办的、由具有资格的参赛人选送隶属于自身名下且具有资格的参赛鸽参加的、通过比较飞行速度或按照一定标准评比得分来排列名次的体育竞赛活动。

第四条　竞赛分类

1. 竞翔赛：通过比较飞行速度排列名次的赛事。

2. 评比赛：将竞翔赛成绩按照一定标准换算成得分，或由裁判员按照一定标准评分，以得分多少排列名次的赛事。

3. 特殊赛事：以特殊形式进行的并符合特定要求的其他赛事。

第二章　竞翔赛

第五条　竞翔赛比赛空距

短距离赛：比赛空距为 200～400 公里。
中距离赛：比赛空距为 400 以上～600 公里。
中长距离赛：比赛空距为 600 以上～800 公里。
长距离赛：比赛空距为 800 以上～1200 公里。
超长距离赛：比赛空距为 1200 公里以上。

第六条　竞翔赛比赛级别

1. 俱乐部赛；
2. 区、县赛；
3. 区、县联赛（两个以上区、县）；
4. 市、地赛；
5. 市、地联赛（两个以上市、地）；
6. 省、直辖市赛；
7. 准国家赛（两个以上省、直辖市）；

8. 国家赛（三个以上省、直辖市）；
9. 国际赛（两个以上国家）。

第七条 按参赛鸽年龄、性别设置的竞翔赛

一、按参赛鸽年龄设置

幼鸽赛：参赛鸽必须是比赛当年出生的，并佩戴当年发行的足环。

一岁鸽赛：参赛鸽必须是比赛前一年出生的，并佩戴前一年发行的足环。

成鸽赛：参赛鸽必须是比赛一年前出生的，并佩戴相应年份发行的足环。

二、按参赛鸽性别设置

雌组赛：参赛鸽必须是雌性。

雄组赛：参赛鸽必须是雄性。

第八条 竞翔赛的多种形式

一、常规赛

这是以一次比赛成绩排列名次的比赛。

二、多关赛

在规定时间内参赛鸽要参加多次比赛，以其多次比赛成绩之和排列名次。

三、特比环赛

要求参赛鸽在幼鸽时适时佩戴比赛主办单位为该赛事专门发放的特制足环，以此作为参赛资格。

四、锦标赛

这是不同地区竞翔赛优胜者之间的比赛。参赛者多具有较高水平，各区域对参赛选手也有数量上的限制。锦标赛通常是最高级别的个人赛事。

五、指定赛

这是依附于主体赛事的、为指定的赛鸽单独排名的竞翔赛，为衡量特定信鸽的竞翔能力和判断育翔者的育种、训练水准而设置。

指定赛参赛鸽由参赛者自己送交（需单独填写指定鸽参赛报名单）。为参赛鸽做指定标记的工作需在集鸽前完成。按参赛鸽的竞翔成绩为它们单独排列名次。若在规定的赛鸽归巢时间内没有指定的参赛鸽归巢，则指定赛终止。

指定赛包含以下赛项：

1. 单羽赛：以单羽参赛鸽参加常规赛或多关赛的成绩排列名次。

2. 多羽赛：以同一参赛人名下的两羽（含）以上相同数量的参赛鸽编组参加常规赛或多关赛的成绩排列名次。

3. 单场赛：以单羽或多羽（组）参赛鸽参加一次（场）比赛的成绩排列名次。

4. 多场综合赛：以单羽或多羽（组）参赛鸽参加多次（场）比赛的综合成绩排列名次。

5. 育种技能赛：在参赛鸽出生60天内报名参赛。

6. 养训技能赛：在多场综合赛首场比赛前（包括单场赛前）报名参赛。

第九条　举办竞翔赛的资格和前提

一、办赛资格

举办信鸽赛的单位必须具有合法资质，且只能举办与自身级别相对应的比赛。

二、办赛前提

1. 比赛主办单位制定出竞赛规程后应及时向参赛单位和会员公示。

2. 比赛主办单位应按其公示的竞赛规程如期举办比赛。如因特殊情况需更改集鸽时间，应提前通知执裁单位并及时通知参赛单位和会员。

3. 比赛主办单位应为集鸽检录和报到设立固定的场地，提供必要的设施条件。

4. 比赛主办单位应设立相应的竞赛组织机构，其中包括裁判委员会和仲裁委员会，裁判委员会内设裁判长、集鸽裁判员、司放长及司放员、报到记录裁判员、查棚裁判员等。

第十条　报名参赛资格

1. 参赛者须是进行年度注册的、不处于处罚期的、符合区域要求的信鸽协会会员。

2. 参赛鸽须是隶属于参赛人的、佩戴标志信鸽身份的全国统一足环的、符合赛事要求的信鸽。参赛人从所属协会购买信鸽足环，其鸽便随之获得了注册参赛资格。

3. 新的参赛会员或鸽舍地址变更的会员须在参赛前一个月向所在地信鸽协会申请，以测定参赛使用鸽舍的经纬度坐标，并将测定的数值标注到会员证上。

第十一条　交鸽参赛

交鸽，指参赛会员将参赛信鸽送到比赛举办单位，由裁判员按照规定的程序查验，合格且登记后接收参赛鸽并装入放飞笼。

参赛会员须在规定的时间内到规定的地点办理交鸽参赛手续，逾期不能参赛。

参赛会员交鸽时须携带鸽钟。使用电子扫描鸽钟计时的参赛会员，尚须在交鸽前规定的时间持电子扫描鸽钟和参赛鸽到比赛举办单位参与建立参赛鸽信息数据库。

第十二条　信鸽竞翔报名表和信鸽竞翔监放单

一、信鸽竞翔报名表

信鸽竞翔报名表由参赛会员填写，通常一式两份，由参赛会员交鸽时一并交给集鸽裁判员。集鸽裁判员核对完表上所填信息后，返还一份报名表给参赛人，其他交举办单位封存（采用电子版时需由参赛会员确认签字）。比赛鸽回归前，不得查阅已封存的报名表。比赛名次排列完成后，举办单位应专门委派专职裁判员核对获奖鸽与报名表上填写的相关信息，准确无误之后才能确认比赛成绩。比赛结束后，举办单位应将所有获奖鸽的报名表保留 12 个月备查。

信鸽竞翔报名表上所填关键信息（如参赛人姓名、会员证号、足环号）不得涂改，填错或涂改的其成绩无效。

信鸽竞翔报名表见附件一。

二、信鸽竞翔监放单

信鸽竞翔监放单中参赛鸽信息部分由比赛举办单位填写、盖章，放飞信息部分由比赛监放单位填写、盖章。司放人员随放飞车返回时将填妥的监放单带回交举办单位，举办单位应公示监放单内容。

监放单上所填信息不得涂改，填错或涂改的其比赛成绩无效。

比赛举办单位应将所有的信鸽竞翔监放单保留 12 个月备查。当获奖鸽参与其他赛事的评比时，其他赛事的举办单位亦可核查其获奖场次的报名表和监放单。

信鸽竞翔监放单见附件二。

第十三条　集鸽检录

集鸽检录是信鸽比赛最重要环节之一，应安排足够的具有相应资质的裁判人员履行其中的各个环节工作。

一、审核内容

1. 参赛人资格；

2. 参赛鸽资格；

3. 比赛用计算机内录入内容与参赛会员、参赛鸽是否相符；

4. 参赛鸽足环号码与参赛表上填写的是否相符；

5. 信鸽竞翔报名表填写是否符合要求；

6. 参赛会员使用的比赛计时器材是否符合要求。

二、设置比赛专用标志

为防范比赛中可能发生的舞弊行为，应视竞赛规模、性质在集鸽检录过程中采取应对措施。

应逐羽为赛鸽设置代表参赛身份的注记，对赛鸽佩戴的电子环进行技术加密。禁止将设置参赛鸽身份的信息告知除执行裁判员以外的任何人。

设置注记的手段包括：

1. 对参赛鸽加盖暗记章；

2. 使用暗章骑缝专用核对标签纸；

3. 加戴比赛专用赛环；

4. 其他相应的防弊措施与手段。

三、删除不符合要求的赛鸽

应逐羽检查参赛鸽的外观和健康状况，对不符合比赛要求或有病状、伤残的鸽子要终止其参赛，并将其从信鸽竞翔报名表中删除。

1. 佩戴与比赛无关的其他足环或身体任何部位做了与比赛无关标记的鸽子不得参赛。

2. 有病或有明显伤残足以影响飞行的鸽子不得参赛。

3. 鸽足破损或变形、戴环一侧脚爪部位出现伤残的鸽子不得参赛，尤其是在特比环比赛中。

4. 禁止佩戴仿冒、伪造足环的鸽子参赛，尤其是特比环比赛中。

第十四条　信鸽比赛用足环

一、信鸽足环

这是由国际鸽联（F.C.I.）成员国家或地区信鸽协会发行的标志信鸽身份的足环。中国信鸽协会发行的全国统一足环由足环信息和足环证两部分组成，当信鸽为雏鸽时就佩戴到其腿上的足环是该信鸽身份的唯一标记，相对应的足环证则是佩戴该足环信鸽的所有权证明。

中国信鸽协会发行的全国统一足环信息和足环证见附件三。

足环信息和足环证上代表各省、直辖市、行业协会的两位阿拉伯数字代码见附件四。

《中国信鸽足环管理规定》见附件五。

二、密码环

通常是一种不干胶粘贴条，上面印有顺序号码、密码和特殊标志，分为使用和留存各半部分。比赛集鸽时，由集鸽裁判员将其中的一半粘贴在参赛鸽的足环上，另一半粘贴在信鸽竞翔报名表的相应位置，用于比赛报到时核验。密码环由赛事主办单位定制，设专人保管并详细登记使用情况，登记内容需保留至少12个月备查。

三、电子环

这是一种佩戴在信鸽足腕上代表信鸽身份的电子标签，由可读写式芯片、耦合元件和外壳组成，是电子扫描鸽钟的专用标志物。用于比赛的电子环须经中国信鸽协会专业机构审定、批准，由相应厂商供应。供应商应详细记录电子环销售情况，记录内容需保留至少24个月备查。

四、密封环

这是一种遮盖信鸽足环使人不能查看的密封物，具有防揭易碎且有效阻止在热效应情况下揭动的性能，表面印有特殊标志或唯一性编码。比赛中使用的密封环一旦出现破损（裸露三位号码）或仿冒，则取消该赛鸽成绩。密封环由各级信鸽协会定制。定制单位应安排专人保管，详细登记使用情况。

第十五条　设置注记的工具和物品

一、暗记章

暗记章内容和形状不限，应手工刻制、有边框、含三字以上，由比赛举办单位自行定制，或由上级协会提供。暗记章须到合法门店刻制，并由刻制商密封后交定制单位。暗记章于集鸽检录前须在裁判委员会（组）监督下开封启用，使用前由暗记章保管者以外的集鸽裁判人员对其做部分破损处理，用完后当众销毁，并由裁判长保存暗记章印迹模备查。

二、印油

供暗记章沾用的印油应于集鸽检录前在裁判委员会（组）的监督下按用量一次性调制。集鸽完毕后，其剩余的印油必须在裁判长及会员代表监督下销毁。

三、暗章骑缝专用核对标签纸

这是配合暗记章注记使用的专用纸张，选择易吸收印油的纸张制作，上面印有特殊标记、序列号、参赛鸽主姓名栏、赛鸽足环号栏及定制单位等内容。使用时，把赛鸽翅膀羽毛与标签纸骑缝合置，用暗记章将暗记盖在骑缝处，让赛鸽羽毛与标签纸各印有部分暗记图样。然后将参赛鸽主姓名、赛鸽足环号填入标签纸相应栏内，把该标签纸与参赛者的信鸽竞翔报名表钉在一起交比赛举办单位封存备查。

专用核对标签纸由各级信鸽协会定制。定制单位应安排专人保管，详细登记使用情况，登记内容需保留至少12

个月备查。

第十六条　图像记录设备

图像记录设备是指集鸽检录时用于记录参赛鸽情况的数码照相机、摄像机、摄像头和存储数据的各种数据存储设备等。

用数码照相机拍摄图像的，相机应具备300万像素以上分辨率，可固定在拍摄架上操作，镜头应与被拍摄的参赛鸽垂直，拍摄画面应包括展开的加盖暗记章一侧的赛鸽翅膀和全部身体。拍摄的存档数码照片文件尺寸应不小于1600×1200点像素。

检录结束后，数码照片电子数据文档要立即储存到U盘中，记录参赛鸽存档图像的U盘经查看无误后密封，由裁判长保存备查。

记录参赛鸽情况的影像设备也可以是磁带摄像机、数码摄像机或链接视频数据记录硬盘的摄像头，拍摄的存档数字视频文件尺寸应不小于640×480点像素，记录的影像资料、数据由裁判委员会（组）保存备查。

第十七条　赛鸽装笼

1. 安排集鸽执裁人员负责查验鸽笼，确保安全可用，并将鸽笼编号贴签。

2. 完成集鸽检录后应立即将赛鸽送入比赛运输笼。

3. 赛鸽足环号码与参赛表格上所填不符的信鸽不得入笼。

4. 应根据赛鸽运输路途的远近，结合鸽笼容积适量装载赛鸽。短距离运输（300 公里以内），每平方米的装鸽数量应不多于 40 只；随着运输路途的增加，单位面积的装鸽数量应随实际需要递减。

5. 有条件的，提倡实施雌、雄赛鸽分笼装载。

6. 若集鸽执裁人员参赛，应按照回避原则，由其他执裁人员完成其参赛鸽的检录装笼。

7. 赛鸽一经入笼不得再由笼中取出。使用分开式运输笼的，一笼一经装满，应立即使用比赛专用封具实施封笼。

8. 赛鸽装笼工作完成后，集鸽执裁人员须清点笼数，将相关信息填写到监放单参赛鸽信息栏内，由执裁负责人签字确认。

9. 装笼之后，如不能马上将鸽笼送上运输工具运往放飞地，则须安排至少两名执裁人员监管守护，直至将鸽笼送上运输工具交给司放人员。

10. 比赛入笼环节应始终处在裁判员监督之下。

第十八条　赛鸽运输笼

1. 赛鸽运输笼由各级信鸽协会、比赛举办单位定制。

2. 分开式赛鸽运输笼：要求坚固、设计合理，笼层净高度不得低于 24 厘米，能给赛鸽喂水喂食，笼的大小应便于移动、运输，笼的各开放口须有加封装置。

3. 集装式赛鸽运输笼：要求坚固、通风良好，笼层净高度不得低于 24 厘米，笼内应设置饮水槽、食槽及粪盘，赛鸽入口处应设置防逃逸机关，放飞门安有联动开启装置。

4. 每次使用之前须清洗、消毒。

第十九条　笼封

笼封是用于封闭赛鸽运输笼开启处的专用物，各级信鸽组织应安排专人负责保管和妥善使用。

笼封具有一旦拆开便不能还原的一次性特征，笼封一经封闭，除非人为破坏（即剪开）则无法打开，破坏后的笼封无法重新使用。每个笼封上都有专用标识和唯一的编号标识。

笼封由集鸽裁判员施加到赛鸽运输笼各开启处，经监放裁判员查验确认完好并经许可后方得开启。若发生擅自开启或者损毁笼封情况，监放裁判员须在监放单上如实填写。裁判长应根据监放单填写情况进行判断与调查，可以对擅自开启或损毁笼封的行为予以追究，并视情节对相关运输笼内的参赛鸽做出取消成绩的裁定。

第二十条　赛鸽运输

1. 应安排具有资格的一人担任比赛司放长，负责赛鸽的押运和司放工作。司放长在运输工具启动前和到达后应清点鸽笼数，配合监放单位履行监放职责，检查鸽笼和封具是否完好。

2. 运输途中，直至赛鸽放飞，每个单独运输工具（每辆汽车、每节车厢）须有司放执裁人员随时看护，做到人鸽不离。

3. 采用汽车运输时，须选择车况良好、年检达标、保险单在有效期内的车辆，不超载，不超速，平稳运行。

4. 采用火车运输时，若运输时间超过12小时，需适当倒换鸽笼位置。

5. 赛鸽在鸽笼中长时间停留或隔日开笼的，应合理安排喂食、喂水。长途运输时，司放执裁人员应带足途中赛鸽的饲料和饮水。

6. 在低于5℃的低温天气运输时，应对鸽笼采取保温措施，如在保证合理通风的前提下遮挡鸽笼、在笼底添加保温物等。

7. 在高于30℃的高温天气运输时，应在装笼时就适当减少单位装鸽密度，途中则增加赛鸽的饮水次数，采取良好的通风措施。

8. 在运输赛鸽的往返途中，随车人员（含司机）不得夹带其他鸽子。

第二十一条　运输中赛鸽逃笼情况的处置

采用分开式赛鸽运输笼运输时发生赛鸽逃笼情况，要马上检查所有运输笼，采取措施确保未逃离赛鸽安全且无新的逃笼可能。到达司放地后，要为所有笼中赛鸽加盖新的暗记章，重新为赛鸽设置代表参赛身份的注记。重盖暗记章后让赛鸽充分休息，报经裁判长同意后方可放飞。

为应付可能发生的逃笼情况，竞赛主办单位应为司放长准备一套暗记章等设置注记的工具和物品备用。暗记章可由监放单位提供，也可由司放执裁人员自带。自带的暗记章，须由裁判长密封，使用时由监放负责人开封、审核。使用的暗记章须在监放单上盖印留底备查。

采用联动开启放飞笼门式集装运输笼运输时发生赛鸽逃笼情况，因无法再为赛鸽重新设置注记，只能取消放飞将赛鸽运回。

第二十二条　赛鸽放飞

1. 应选择有利于赛鸽起飞的开阔场地作为司放点。

2. 赛鸽运抵司放点安排妥当后，监放负责人应会同司放长，使用卫星导航定位仪核实司放点坐标数值，并将核实测定数据记录到监放单上，同时将司放点坐标数值报告裁判长。

3. 司放前，应让赛鸽适当休息。以车辆抵达放飞点或鸽笼码放妥当开始计，根据赛距远近赛鸽休息 1～3 小时。

4. 应选择适合比赛的天气放飞，这种天气应能覆盖司放地和赛鸽返归的沿途地区。不适合比赛的天气包括雨、雪、冰雹、中等以上雾霾、强逆风、沙尘暴等。

5. 司放地天气由司放长会同监放负责人确认并向裁判长报告，赛鸽返归沿途天气由裁判长根据国家气象部门发布的比赛当日气象信息确认，裁判长汇总司放地和赛鸽回归路线天气情况决定是否放飞，司放长则决定具体放飞时间。

6. 司放、监放人员应采取必要措施禁止非工作人员进入司放场地。

7. 赛鸽放飞后，监放负责人应立即将开笼时间、天气情况等填写到监放单上，并将所填详细内容电告裁判长，同时将拍摄的监放单图片上传给裁判长。

8. 赛鸽放飞后，若发现有因意外而不能起飞的赛鸽，司放、监放人员应尽力捕获之，登记其环号，拆下其佩戴的密码环、密封环、电子环，交监放负责人处理，并将相关情况记录在监放单备注栏内。

第二十三条　监督放飞

1. 监放单位须是比赛司放地当地或邻近区域的区、县级（含）以上信鸽协会。

2. 比赛举办单位应在司放前联系监放单位，并确认监放单位能够在约定的时间、地点履行监放职责。

3. 监放单位须委派两名具备相应等级裁判员资质的监放人监督放飞。

4. 监放人员对司放全过程进行监督，其工作内容包括：

（1）检查分装笼数、笼中赛鸽情况、笼封方式和编号以及随车司放人员与监放单所列是否一致；

（2）会同司放人员复核司放地坐标数值；

（3）与司放人员一起维持司放场地秩序和安全；

（4）一旦出现赛鸽逃笼情况时，帮助司放人员完成重置赛鸽身份注记等工作；

（5）赛鸽放飞后（或取消放飞时），逐项翔实填写监放单相应栏目内容，之后签名并加盖监放单位公章。

5. 若比赛举办单位的监放单不符合规定要求，监放人员有权拒绝执行监放任务。

第二十四条　更换司放地

当司放地出现特殊情况，无法实施开笼放鸽时，裁判长可决定更换司放地。

更换司放地后的比赛空距，应不短于原司放地的比赛空距。

第二十五条　取消放飞将赛鸽运回

1. 赛鸽运达司放地后出现不适合比赛的天气，等待天气转变的时间超过规程规定的时间时，裁判长可根据当时情况决定取消放飞将赛鸽运回。

2. 运输途中发生意外致使运送赛鸽的车辆无法到达司放地，或采用联动开启放飞笼门式集装运输时发生赛鸽逃笼情况，须取消放飞将赛鸽运回。

第二十六条　比赛延期和终止

一、比赛延期

1. 由于天气原因或特殊意外情况，举办比赛单位无法按原计划举行比赛时，经竞赛组委会决定，比赛可延期进行。

2. 若当日天气不适合放飞，或因不可抗力致使比赛不能当日进行时，经裁判长决定，比赛可延期进行。

3. 运输途中发生意外，致使运送赛鸽的车辆无法按时到达司放地时，经裁判长决定，比赛可延期进行。

4. 因更换司放地致使无法按时开笼放鸽时，经裁判长决定，比赛可延期进行。

5. 采用联动开启放飞笼门式集装运输时发生赛鸽逃笼

情况，或由于天气等原因需将赛鸽运回时，经裁判长决定，比赛可延期进行。

一旦做出比赛延期的决定，举办比赛单位须即时通知参赛者。

二、比赛终止

1. 运输途中发生意外，造成赛鸽重大损失致使无法再进行比赛时，裁判长可决定终止比赛。

2. 计时系统出现故障，致使赛鸽成绩无法区分时，可由裁判委员会裁定终止比赛。

第二十七条　赛鸽归巢报到

赛鸽飞回参赛会员鸽舍后，参赛会员须到指定地点或按指定方式报到，才能获得比赛成绩。

一、持鸽报到

赛鸽归巢后，参赛会员持归巢鸽、足环证、信鸽竞翔报名表、会员证，迅速到指定地点报到。

二、使用信鸽比赛计时器计时报到

1. 参赛会员须在注册参赛的鸽舍所在地使用信鸽比赛

用计时器为赛鸽归巢计时。

2. 使用手动鸽钟计时报到：赛鸽归巢后，参赛会员迅速将集鸽检录时给赛鸽佩戴的手动鸽钟专用标志——密码环取下，按规定将其打入鸽钟完成计时。参赛者持鸽钟、归巢鸽、足环证、信鸽竞翔报名表、会员证，在规定时间内到指定地点报到。

3. 使用扫描鸽钟计时报到：按照电子扫描鸽钟使用规定执行。

4. 使用信鸽比赛计时器计时报到出现下列情况时，按持鸽报到计算成绩。

(1) 没按规定持归巢鸽报到，或没在规定的时间内持鸽钟、归巢鸽报到；

(2) 赛鸽归巢时，密码环、电子环损坏或丢失；

(3) 没按规定使用鸽钟，如手动鸽钟漏打“孔”、扫描鸽钟未完成电子扫描；

(4) 手动鸽钟外壳损坏，不能将打入鸽钟的密码环密封其中；

(5) 鸽钟损坏，致使记录的归巢时间数据丢失；

(6) 鸽钟故障，内部时间错乱，已不能通过鸽钟判断归巢时间；

(7) 鸽钟的钟封破损。

5. 此外，还有利用声讯台报到的报到方式，须依声讯台原始数据记录的时间计算成绩。

第二十八条　集鸽和报到场地

1. 集鸽场地应选择封闭环境，防止赛鸽意外逃失。

2. 集鸽场地应划分参赛集鸽区和交鸽等候区，参赛集鸽区禁止无关人员入内。

3. 集鸽和报到场地应有供电电源及应急供电设备，有比赛用计算机设施，装有视频监控设备，有条件的应安装互联网线，无法安装互联网线的应配备无线互联网联线设备。

第二十九条　归巢鸽登记与审核

需至少安排两名报到记录裁判员负责赛鸽归巢报到工作。

1. 报到记录裁判员应按报到顺序对归巢鸽进行登记。

2. 报到记录裁判员在进行登记时，应核对归巢鸽的信鸽竞翔报名表、足环证、参赛身份注记与相应计时器专用标志。

3. 对使用信鸽比赛用计时器计时报到的，报到记录裁判员应检查参赛者使用的计时器是否符合比赛要求，或按照电子扫描鸽钟使用规定进行登记与审核，负责将计时器记录的有效归巢时间导入计算机，并计算出比赛成绩。

信鸽归巢报到顺序表见附件六。

信鸽比赛用机械式计时器计时报到登记表见附件七。

第三十条　赛鸽归巢计时

1. 持鸽报到的，以参赛会员持归巢鸽到达报到地点的时间为归巢时间。

2. 使用手动鸽钟计时报到的，以手动鸽钟记录的密码环打入鸽钟的时间为归巢时间。

3. 使用扫描鸽钟计时报到的，以扫描鸽钟感应扫描到电子环的时间为归巢时间。

鸽舍是饲养信鸽参赛的必备设施，也是参赛鸽的抵达点和采集比赛数据的“撞线”点。使用电子扫描鸽钟计时的，应将电子扫描板固定置于鸽舍入口处。

第三十一条　比赛计时工具和时间校对

用于比赛计时的鸽钟须符合比赛要求，由中国信鸽协会专业机构审定、批准。鸽钟供应商应详细记录鸽钟销售情况，记录内容需保留至少 24 个月备查。

依北京时间校对时间。

第三十二条　比赛空距测定和赛鸽飞行速度计算

一、比赛空距测定

比赛空距指司放点（起点）至参赛者鸽舍（终点）的空中直线距离。测定出司放点方位坐标和参赛者鸽舍方位坐标数值后可采用一定的计算公式计算出两点之间的空距，计算出的距离应以米为单位。用于信鸽比赛计算空距的计算机软件由中国信鸽协会专业机构审定。

测定司放点和参赛者鸽舍方位坐标须使用卫星导航定位仪。定位仪精度误差应小于 15 米，确认方位坐标时应选择以度、分、秒为单位取值。

二、赛鸽飞行速度计算

赛鸽飞行时间指赛鸽归巢时间减去开笼放飞时间所余下的用时，以分钟为单位。

赛鸽飞行速度计算公式为：赛鸽飞行速度=比赛空距（米）/ 赛鸽飞行时间（分）。计算结果应保留到小数点后四位数。

在当日赛以外的比赛中，赛鸽的有效飞行时间按每天日出前 30 分钟至日落后 30 分钟来计算。每天日出、日落时间须统一遵照中国信鸽协会颁布的协会所在地省会城市的日出日落时间表。

日出日落时间表见附件八。

第三十三条　赛鸽名次排列

一、常规赛名次排列

以赛鸽每分钟的飞行速度来排列名次。分速快者名次列前；分速相同时，比赛空距远者名次列前；再相同，名次并列，取消下一名次。

二、多关赛名次排列

方法一：将参赛鸽每关（次）比赛中的名次与总参赛鸽羽数的比值累加再乘以1000计算出得分，计算出所有参赛鸽得分进行排列，得分少者名次列前。

计算公式为：（首关名次/首关总参赛羽数+二关名次/二关总参赛羽数+三关名次/三关总参赛羽数+……）×1000=得分。

方法二：将参赛鸽每关（次）比赛中的飞行速度数值累加，将所有累加后的飞行速度数值进行排列，数值大者名次列前。若出现数值相同，则最后一关（次）比赛中的排名高者名次列前。

方法三：将参赛鸽每关（次）比赛中的飞行速度数值累加再除以比赛关数得出平均飞行速度数值，将所有参赛鸽的平均飞行速度数值进行排列，数值大者名次列前。若出现数值相同，则最后一关（次）比赛中的排名高者名次列前。

方法四：将参赛鸽每关（次）比赛中的飞行距离数值累加再除以飞行时间累加数值得出平均飞行速度数值，将所有参赛鸽的平均飞行速度数值进行排列，数值大者名次列前。若出现数值相同时，则最后一关（次）比赛中的排名高者名次列前。

第三十四条　查棚检验

归巢鸽飞行速度数据排出后，在条件允许的情况下应立即安排至少两名查棚裁判员对规程规定的优胜鸽查棚检验。

查棚检验之后，查棚裁判员将检验结果逐条填写在信鸽查棚检验报告单上，裁判员和鸽主分别签字确认。

信鸽查棚检验报告单见附件九。

一、检验内容

1. 复核参赛者和参赛鸽参赛资格。

2. 验证鸽舍坐标与参赛者会员证登记坐标数据是否相符。

3. 将获奖鸽带至鸽舍外适当距离（能够明显看出该鸽是通过飞行回归鸽舍的距离）放飞，看它是否飞回鸽舍。

二、发现问题后的处置

1. 若发现参赛者或参赛鸽不具备参赛资格，查棚裁判员将相关情况详细填写后上报裁判长，由裁判长做出相应的决定。

2. 若发现鸽舍坐标与参赛者会员证登记坐标数据不符，或坐标数据误差较大时（超过 50 米），应按查棚裁判员现场重新测定的坐标数据重新计算成绩。

3. 若查棚时获奖鸽不在鸽舍、已经死亡、羽毛严重损坏、因伤病丧失飞行能力而无法完成飞回鸽舍检验，查棚裁判员将相关情况详细填写后上报裁判长，由裁判长做出相应的决定。倘若当事人不服裁判长判决提出申诉，则应将当事鸽（包括尸体）一并提交。

4. 因参赛会员原因造成无法查棚检验的，裁判长可以决定取消其比赛成绩。

第三十五条　比赛成绩公布与上报

赛鸽名次排列完毕，经裁判委员会核实无误后，由裁判长在打印好的比赛成绩报告表上签字确认，至此比赛结束。

比赛结束后，举办比赛单位应及时向参赛会员公布比赛成绩。

比赛结束后，需要上报时，举办比赛单位应在 5 个工作日内将打印好的比赛成绩报告表及电子文档等上报上级单位。

信鸽竞翔成绩报告表见附件十。

信鸽竞翔成绩汇总表见附件十一。

第三章　评比赛

第三十六条　举办评比赛的资格和前提

各级信鸽协会（单位）均可举办信鸽评比赛。

各级信鸽协会（单位）举办信鸽评比赛时，参赛者和参赛鸽应来自该协会（单位）所属区域内，用于换算积分的竞翔赛成绩应是具有相应规模和级别的竞翔赛成绩。

第三十七条　最佳鸽舍奖评比

设奖评比最佳鸽舍，是鼓励参赛者在某年度中，选送其鸽舍里的多羽信鸽，多次参加特定距离或所有距离的比赛并取得好成绩。

最佳鸽舍奖评比采用将成绩换算成积分的方式，以累计积分的多少决定名次。积分的计算公式为：积分=（1+获奖名次）×100÷参赛羽数。积分数值保留到小数点后四位数，之后的第五位数则四舍五入。

一、短距离最佳鸽舍奖评比

选取各参评鸽舍当年200～400公里比赛中成绩最好的两羽信鸽的各五次成绩（获奖总里程不少于1300公里），选取的成绩必须是在有20个以上鸽舍和200羽以上信鸽参赛的比赛中产生的。将所有参评鸽舍被选取的两羽成鸽的各五次成绩换算成积分，以积分累加之和进行排列，数值小的名次在前。

二、中距离最佳鸽舍奖评比

选取各参评鸽舍当年400以上～600公里比赛中成绩最好的两羽信鸽的各五次成绩，选取的成绩必须是在有20个以上鸽舍和200羽以上信鸽参赛的比赛中产生的，而且各五次成绩中须有三次是在不低于省级比赛中、一次是在国家级比赛中获得的。将所有参评鸽舍被选取的两羽成鸽的各五次成绩换算成积分，以积分累加之和进行排列，数值小的名次在前。

三、中长距离最佳鸽舍奖评比

选取各参评鸽舍当年600以上～800公里比赛中成绩最好的两羽信鸽的各三次成绩，所有成绩必须是在不低于地级比赛中获得的，其中各一次是在不低于省级比赛中获得的。将所有参评鸽舍被选取的两羽成鸽的各三次成绩换算成积分，以积分累加之和进行排列，数值小的名次在前。

四、长距离最佳鸽舍奖评比

选取各参评鸽舍当年800以上～1200公里比赛中成绩最好的两羽信鸽的各两次成绩，所有成绩必须是在不低于地级比赛中获得的，其中各一次是在不低于省级比赛中获得的。将所有参评鸽舍被选取的两羽信鸽的各两次成绩换算成积分，以积分累加之和进行排列，数值小的名次在前。

五、超长距离最佳鸽舍奖评比

选取各参评鸽舍当年800公里以上和1200公里以上比赛中成绩最好的两羽信鸽的各两次成绩（两种比赛各一次），所有成绩必须是在不低于地级比赛中获得的，其中各一次是在不低于省级比赛中获得的。将所有参评鸽舍被选取的两羽信鸽的各两次成绩换算成积分，以积分累加之和进行排列，数值小的名次在前。

六、幼鸽短距离最佳鸽舍奖评比

选取各参评鸽舍当年200～400公里比赛中成绩最好的两羽幼鸽的各四次成绩，选取的成绩必须是在有20个以上鸽舍和200羽以上信鸽参赛的比赛中产生的。将所有参评鸽舍被选取的两羽幼鸽的各四次成绩换算成积分，以积分累加之和进行排列，数值小的名次在前。

七、幼鸽中距离最佳鸽舍奖评比

选取各参评鸽舍当年400以上～600公里比赛中成绩最好的两羽幼鸽的各四次成绩，选取的成绩必须是在有20个以上鸽舍和200羽以上信鸽参赛的比赛中产生的，而且各四次成绩中须有两次是在不低于地级比赛中、一次是在不低于省级比赛中获得的。将所有参评鸽舍被选取的两羽幼鸽的各四次成绩换算成积分，以积分累加之和进行排列，数值小的名次在前。

八、幼鸽长距离最佳鸽舍奖评比

选取各参评鸽舍当年600公里以上比赛中成绩最好的两羽幼鸽的各两次成绩，所有成绩必须是在不低于地级比赛中获得的，其中各一次是在不低于省级比赛中获得的。将所有参评鸽舍被选取的两羽幼鸽的各两次成绩换算成积分，以积分累加之和进行排列，数值小的名次在前。

九、一岁鸽短距离最佳鸽舍奖评比

选取各参评鸽舍当年200～400公里比赛中成绩最好的两羽一岁鸽的各五次成绩，选取的成绩必须是在有20个以上鸽舍和200羽以上信鸽参赛的比赛中产生的。将所有参评鸽舍被选取的两羽一岁鸽的各五次成绩换算成积分，以积分累加之和进行排列，数值小的名次在前。

十、一岁鸽中距离最佳鸽舍奖评比

选取各参评鸽舍当年400以上～600公里比赛中成绩最好的两羽一岁鸽的各五次成绩，选取的成绩必须是在有20个以上鸽舍和200羽以上信鸽参赛的比赛中产生的，而且各五次成绩中必须有三次是在不低于省级比赛中、一次是在国家级比赛中获得的。将所有参评鸽舍被选取的两羽一岁鸽的各五次成绩换算成积分，以积分累加之和进行排列，数值小的名次在前。

十一、一岁鸽中长距离最佳鸽舍奖评比

选取各参评鸽舍当年600以上～800公里比赛中成绩最好的两羽一岁鸽的各三次成绩，所有成绩必须是在不低于地级比赛中获得的，其中各一次是在不低于省级比赛中获得的。将所有参评鸽舍被选取的两羽一岁鸽的各三次成绩换算成积分，以积分累加之和进行排列，数值小的名次在前。

十二、全能最佳鸽舍奖评比

选取各参评鸽舍当年以上所述各项评比赛中成绩最好的各一羽信鸽的成绩。将所有参评鸽舍被选取的所有赛鸽

的成绩换算成积分，以积分累加之和进行排列，数值小的名次在前。

十三、最佳育种奖评比

选取各参评鸽舍当年育出的六羽信鸽在公棚赛中取得的各一次最好成绩，其中三个是 200 公里以上、400 公里以下成绩，三个是 400 公里以上成绩。将所有参评鸽舍被选取的所有赛鸽的成绩换算成积分，以积分累加之和进行排列，数值小的名次在前。

十四、最佳新人奖评比

选取各参评鸽舍当年成绩最好的三羽信鸽的各一次成绩，信鸽参赛项目不限，但鸽舍主人须新入会两年以内，年龄应不超过 25 岁。将所有参评鸽舍被选取的所有赛鸽的成绩换算成积分，以积分累加之和进行排列，数值小的名次在前。

第三十八条　鸽王奖评比

设奖评比鸽王，是鼓励参赛者在某年度中，选送其鸽舍里的某羽信鸽，多次参加特定距离的比赛并取得好成绩。

鸽王奖评比亦采用将成绩换算成积分的方式，积分的计算方法与最佳鸽舍奖评比相同。积分的计算公式为：积分=（1+获奖名次）×100÷参赛羽数。积分数值保留到小数点后四位数，之后的第五位数则四舍五入。

一、短距离赛鸽王奖评比

选取成年或一岁龄参评鸽当年在200～400公里比赛中取得的六次最好成绩（获奖总里程不少于1500公里），选取的成绩必须是在有20个以上鸽舍和200羽以上信鸽参赛的比赛中产生的。将所有参评鸽的六次成绩换算成积分，以积分累加之和进行排列，数值小的名次在前。

二、中距离赛鸽王奖评比

选取成年或一岁龄参评鸽当年在400以上～600公里比赛中取得的四次最好成绩（获奖总里程不少于1600公里），选取的成绩必须是在有20个以上鸽舍和200羽以上信鸽参赛的比赛中产生的，而且四次成绩中必须有两次是在不低于地级比赛中、一次是在不低于省级比赛中获得的。将所有参评鸽的四次成绩换算成积分，以积分累加之和进行排列，数值小的名次在前。

三、中长距离赛鸽王奖评比

选取成年或一岁龄参评鸽当年在600以上～800公里比赛中取得的三次最好成绩（获奖总里程不少于2000公

里），选取的成绩必须是在有 20 个以上鸽舍和 200 羽以上信鸽参赛的比赛中产生的，而且三次成绩中必须有两次是在不低于地级比赛中、一次是在不低于省级比赛中获得的。将所有参评鸽的三次成绩换算成积分，以积分累加之和进行排列，数值小的名次在前。

四、长距离赛鸽王奖评比

选取成年或一岁参评鸽当年 800 以上～1200 公里比赛中取得的两次最好成绩（获奖总里程不少于 1900 公里），选取的成绩必须是在有 20 个以上鸽舍和 200 羽以上信鸽参赛的比赛中产生的，而且所有成绩必须是在不低于地级比赛中获得的，其中一次是在不低于省级比赛中获得的。将所有参评鸽的两次成绩换算成积分，以积分累加之和进行排列，数值小的名次在前。

五、超长距离赛鸽王奖评比

选取成年或一岁参评鸽当年 800 公里以上和 1200 公里以上比赛中取得的各一次最好成绩（获奖总里程不少于 2400 公里），选取的成绩必须是在有 20 个以上鸽舍和 200 羽以上信鸽参赛的比赛中产生的，而且所有成绩必须是在不低于地级比赛中获得的，其中一次是在不低于省级比赛中获得的。将所有参评鸽的两次成绩换算成积分，以积分累加之和进行排列，数值小的名次在前。

六、幼鸽短距离赛鸽王奖评比

选取参评幼鸽当年200～400公里比赛中取得的四次最好成绩（获奖总里程不少于1100公里），选取的成绩必须是在有20个以上鸽舍和200羽以上信鸽参赛的比赛中产生的。将所有参评鸽的四次成绩换算成积分，以积分累加之和进行排列，数值小的名次在前。

七、幼鸽中距离赛鸽王奖评比

选取参评幼鸽当年400以上～500公里比赛中取得的三次最好成绩（获奖总里程不少于1200公里），选取的成绩必须是在有20个以上鸽舍和200羽以上信鸽参赛的比赛中产生的，而且三次成绩中必须有两次是在不低于地级比赛中、一次是在不低于省级比赛中获得的。将所有参评鸽的三次成绩换算成积分，以积分累加之和进行排列，数值小的名次在前。

第三十九条　奥林匹克标准组鸽王评比

奥林匹克标准组鸽王评比，是按照国际鸽联制定的规则，由具有奥林匹克标准评比资质的专项裁判员评鉴打分，在参评雌鸽和雄鸽中分别评出鸽王的信鸽竞赛活动。

所谓“标准”，指能够看到和触摸到的硬性条件。奥林匹克标准组鸽王评比，要求参评鸽具备一定的赛绩，要求评出的鸽王既具有理想的快速和耐力，又在骨架结构、肌肉和外形诸方面达到“标准”的要求，以选出人们公认的典范信鸽为目的。

国际鸽联奥林匹克鸽王品评标准见附件十二。

第四章 特殊赛事

第四十条 特殊赛事项目

特殊赛事指按照特殊的规则要求进行的信鸽比赛。

一、公棚赛

这是在同一个鸽舍进行的竞翔赛。由不同参赛会员，将隶属于自身名下的幼鸽（出生后60天内，未“开家”）送到同一个鸽舍，在那里共同饲养、共同训练并参加同一场比赛。公棚赛寻求统一空距和相同饲养环境下的竞争，比较参赛者的育种水平。

《中国信鸽公棚竞赛管理规定》见附件十三。

二、寄养赛

这是参赛鸽归属权由“使翔者”和“作育者”共有的竞翔赛，为让不同区域的信鸽参加同一区域的比赛而设置。“作育者”将自己的幼鸽（一般是出生后50天内，未“开家”）寄放在“使翔者”鸽舍，由“使翔者”饲养、训练直至送赛。

三、团体赛

这是比较各团队成绩的竞翔赛，为衡量培育、训养信鸽的综合水平而设置。可由某一区域不同会员组成团队送鸽参赛，也可由同一参赛会员的多羽信鸽组成团队参赛。

四、排名赛

也称分站排名赛，是给参赛会员排名的比赛，为衡量参赛会员所培育、训养信鸽的综合实力而设置。参赛者送鸽参加一定时段的若干次比赛，将参赛鸽各站（次）成绩换算成积分，以累计总积分为参赛者排列名次。

第四十一条　举办公棚赛的资格和条件

1. 具有独立法人资质和相应民事责任承担能力。

2. 具备与所办比赛规模相应的场地、鸽舍建筑、器材、从业人员等条件。

3. 举办比赛的场地符合国家有关环保、卫生、防疫、航空、国家安全等法律法规的规定。

4. 经办赛单位申请，相关信鸽协会同意介入执裁。

第四十二条　举办公棚赛的场地和器材

一、场地

1. 举办公棚赛的场地面积应与比赛规模相适应，每千羽赛鸽的占地面积不小于1000平方米。

2. 场地内应具备通信、供电、上下给排水、消防等设施，应建有隔离鸽舍、观察室、消毒室、饲料仓库、办公室、卫生间、污物处理区等基本设施。

3. 举办公棚赛的鸽舍容纳空间也应与比赛规模相适应，每平方米空间容纳的赛鸽应少于6羽（不含晒棚）。

4. 鸽舍应适合赛鸽居住生长，选用无害材料搭建，外形美观，坚固耐用，结构合理。鸽舍应与地面架空，离开高度不低于20厘米；应干燥、通风、朝阳，并设晒棚。鸽舍内设置栖架而不设巢窝，鸽舍外有足够面积的供赛鸽起飞、降落的平台。

二、器材

1. 须使用由中国信鸽协会专业机构审定的公棚型电子扫描鸽钟计时。

2. 须配备专用计算机（计算机配置与公棚型扫描鸽钟匹配）、针式同步打印机作为鸽钟计时的数据采集、成绩计算和输出平台。

3. 须安排双路供电电源，保证比赛计时系统和计算机正常工作。

4. 应设置比赛结果数据同步显示设备，以方便参赛者现场实时观看。

5. 应设立信息发布互联网页和电子邮箱，用于发布公棚信息和接受参赛者信件，方便参赛者查询信息和联络公棚。

6. 应在鸽舍内部全方位安装视频监控设备，其记录需保留至少 6 个月备查。

第四十三条　公棚赛从业人员

公棚赛从业人员指为确保公棚赛期间各项工作正常运转，公棚赛承办单位必设的专职的参赛鸽管理、饲养和训练人员，以及必要的专职或兼职的行政、财务、兽医、计算机操作等人员。

第四十四条　公棚赛参赛鸽管理和饲养

1. 公棚赛承办单位须制定赛鸽管理养训制度、卫生防疫制度、工作人员守则等规章制度并严格执行。

2. 赛鸽入棚时，公棚工作人员先对其进行仔细观察，确认无病状并进行消毒等处理后将其放入隔离鸽舍饲养七日以上，经观察无异常后方可放入赛鸽舍。不同日期入棚的赛鸽隔离时应分置。

3. 赛鸽入棚后应适时为其接种新城疫疫苗、鸽痘疫苗。

4. 公棚工作人员应根据赛鸽成长发育期、换羽期、训赛期等不同时期的营养要求，按科学方法调配赛鸽饲料，保证充足、合理供给。对饲料供给和喂食情况应详细记录，并保存记录备查。

5. 应定期投喂防治疫病药物，进行免疫疫苗接种。应定期进行健康抽检，了解赛鸽健康情况。对投药、疫苗接种、抽检情况应详细记录，并保存记录备查。

6. 每日定时清洁鸽舍，定期、定时为鸽舍、器具消毒，保证鸽舍卫生。公棚工作人员需穿统一工作服并经消毒后出入鸽舍。还要做好消灭蚊蝇和预防其他小动物侵害等工作，努力减少赛鸽意外伤亡。

7. 公棚工作人员应每天对赛鸽进行巡视，发现赛鸽伤病时应立即诊治并将其移居隔离鸽舍饲养、治疗。伤病鸽经治疗康复确认可继续飞行参赛时，方可移回赛鸽舍，逐步恢复正常训练。

8. 出现赛鸽死亡，应立即通知参赛鸽主，并对死鸽尸体进行无污染销毁处理。一旦发生不明原因快速大面积死亡现象，应立即报告卫生防疫部门调查处理。

第四十五条　公棚赛参赛鸽训练

一、“开家”训练

1. 赛鸽结束隔离进入赛鸽舍后应先行圈养，使之熟悉鸽舍环境，圈养时间应不少于一周。

2. 应根据赛鸽进入赛鸽舍的先后，采取分批进行、循序渐进、前后批次分时家飞的方式，尽量减少“开家”中的赛鸽丢失。

二、日常训练

1. 赛鸽全部完成“开家”后，除放飞训练日外，在鸽舍当地气象条件适宜飞行训练的情况下，应每天都进行赛鸽定时家飞训练。

2. 每天家飞训练至少一次，应采取条件反射手段训练赛鸽快速进舍的习惯。

三、放飞训练

1. 有计划地按规定的次数和距离由近到远地进行放飞训练。

2. 首次放飞训练之前，由监赛单位委派的裁判员核查参赛鸽及其相关信息，清点参赛鸽存棚羽数，公布查棚核实资料并报监赛单位存档备查。

3. 应选择适宜的天气进行放飞训练，遇到恶劣天气时可更改训放日期。

4. 与收费有关的放飞训练，须由监赛单位委派的裁判员现场监督，按公棚赛规程监督集鸽装笼、运输、放飞并核查归返鸽情况。相关信息经裁判员签字确认，及时在公棚赛举办单位的互联网页上发布。

第四十六条　公棚赛比赛程序

一、报审和公示

公棚赛举办单位制定出举办公棚赛的竞赛规程，报经竞赛监管单位审核同意后及时公示，并如期举办比赛。

二、报名参赛

1. 参赛者须以实名报名，履行注册登记手续后方可送鸽参赛。

2. 参赛者送交公棚的参赛鸽，必须是隶属于参赛人的、佩戴标志信鸽身份的统一足环的、经中国信鸽协会授权单位注册的（购买公棚赛举办单位所属协会发售的足环便自动获得了注册参赛资格）、符合公棚赛规程要求的鸽子。

3. 参赛者须详细填写公棚赛参赛卡，交纳参赛费用。比赛集鸽时仍未交参赛费的赛鸽，不得入笼参赛。

三、赛鸽入舍

1. 赛鸽入舍时的鸽龄应小于 60 日。

2. 从开始正式接纳参赛鸽入舍到结束接纳的时间最长不超过 90 天。

3. 公棚赛收鸽期间发生赛鸽飞失、病亡时，举办单位应尽快通知参赛者补交赛鸽，公棚结束收鸽七日后不再接纳补交赛鸽。

4. 公棚赛监赛单位应检查、核实参赛鸽入舍情况，直至接纳入舍结束。

5. 当国家授权机构发布某地区出现禽类疫情时，公棚赛举办单位应拒收来自疫区的鸽子。如在公棚内发现疫情，应由国家检疫部门确认，直至销毁部分或全部赛鸽，此时公棚赛举办单位须退还会员参赛费（可扣除饲养费），但不赔偿参赛者损失。

四、建立参赛者和参赛鸽信息资料库

1. 监赛单位委派的裁判员应会同举办单位工作人员在全部收鸽结束七日内将检查、核实的公棚赛参赛者和参赛鸽清单打印成表格（一式两份），内容包括参赛者姓名、参赛鸽足环号及参赛鸽羽数，由裁判员签字后向参赛者公布，同时将相关信息和原始材料存储刻录到光盘或拷贝到U盘两份。这两份表格连同光盘或U盘，由举办单位保留一份，另一份交监赛单位封存备查。

2. 参赛鸽训放开始前须为其佩戴电子环，此项工作应在监赛单位委派的裁判员监督下进行。将参赛者、参赛鸽和佩戴电子环信息打印成表格（一式两份），同时将表格内容存储刻录到光盘拷贝两份。这两份表格连同光盘，由举办单位保留一份，另一份交监赛单位封存备查。

3. 发生参赛鸽佩戴的电子环失效或脱落丢失时，公棚工作人员可为赛鸽补戴电子环，但须详细记录。公棚工作人员应在比赛集鸽之前向监赛单位委派的裁判员说明补戴电子环情况，并在裁判员检查、核实后将写出的文字说明附到显示参赛者、参赛鸽和佩戴电子环信息的表格和光盘或U盘资料中。

五、对参赛鸽管理、饲养和训练进行检查

公棚赛监赛单位应不定期委派裁判员对参赛鸽管理、饲养和训练等情况进行检查，并查阅公棚工作人员的相关记录。裁判员完成检查后，要将检查结果书面报告监赛单位。

六、集鸽检录

由监赛单位委派的裁判员按本规则第十三条执行。集

鸽场地要求见本规则第二十八条。

须建立参赛鸽电子环比赛专用数据库，用于赛鸽归返时核对其参赛身份。在扫描参赛鸽佩戴的电子环时，裁判员应核实扫描电子环显示出的号码与参赛鸽实际环号相一致，检查电子环的灵敏度，随时核对电脑显示屏集鸽序号与实际集鸽数是否吻合。相关数据应随扫描随打印（采用连续多层复写打印纸）。

集鸽检录后，裁判员在打印好的集鸽数据单上签字，将建立的参赛鸽电子环比赛专用数据库数据存储刻录到光盘或拷贝到U盘两份，交裁判长和数据核查员保存用于成绩核查。

集鸽装笼后，裁判员应对公棚鸽舍进行检查，确认鸽舍内没有鸽子后对鸽舍加封。

七、装笼、运输、司放、监放以及比赛延期和终止

见本规则第十七条、第二十条、第二十一条、第二十二条、第二十三条、第二十四条、第二十五条、第二十六条。

当公棚赛发生严重违例情况，监赛单位委派的裁判长确认已不能在公平条件下进行时，可决定终止比赛。

第四十七条　公棚赛成绩确认

1. 按照扫描鸽钟确认的成绩排列名次。

2. 在扫描确认成绩和排列名次的同时，应随机将相关成绩打印到连续的复写打印纸上，打印纸上显示的成绩单不能手写和涂改。裁判员逐一核对归巢获奖鸽身份后，在成绩单上签字确认，将成绩单正文交监赛单位存档备查，副本则由公棚赛举办单位对外公示和存档。

3. 当比赛中出现扫描鸽钟因故障不能计时时：

(1) 条件允许时，采用人工计时。因赛鸽单只归返入舍，能区分先后顺序，可由裁判员人工确认归返鸽参赛身份，并按序排列名次。

(2) 若扫描鸽钟短暂故障不能为部分归返鸽计时，则不能区分成绩的归返鸽由裁判员人工确认身份后名次并列。

(3) 因扫描鸽钟故障所有成绩不能区分时，取消本次比赛排名。

4. 待公棚赛规程规定的所有获奖鸽归巢后，裁判员应立即对所有获奖鸽参赛身份进行核实。裁判员在核实过程中若发现身份不符或其他异常情况，应报告裁判长再次核实，由裁判长决定是否取消有问题获奖鸽的成绩。

第四十八条　公棚赛信息发布和通报

公棚赛举办单位应使用信函、电话、手机短信、互联网等方式发布收鸽、训放和比赛信息，让参赛会员及时了解赛事进展情况。

1. 举办单位应于赛前在其互联网页上及时发布正确的参赛者名单、参赛鸽足环号码及电子环号码等信息。

2. 举办单位应按时向监赛单位通报收鸽、饲养、查棚、训放和比赛等相关情况。

3. 比赛成绩经监赛单位确认后，举办单位方可发布。

第四十九条　公棚赛中对不能参赛的鸽子的处理

1. 赛鸽因伤病不能康复、不能继续飞行参赛时，或因训练迟归无法参赛时，举办单位应及时通知参赛鸽主领回或经授权按参赛鸽主要求处理。

2. 因未交参赛费用而不能参赛的鸽子，举办单位应及时通知参赛鸽主在补交饲养费后领回，若参赛鸽主拒交饲养费则举办单位可自行处理。

3. 举办单位对不能参赛的鸽子的处理情况要详细记录，并保存记录备查。

第五十条　寄养赛

一、对“使翔者”的要求

1. “使翔者”必须是具有参赛资格的寄养赛举办单位会员，具有独立的专供饲养寄养鸽的鸽舍，并同意接收举办单位分配的“作育者”送赛的幼鸽。

2.“使翔者”接收的寄养鸽数量应与其专供饲养寄养鸽的鸽舍大小相适应。

3.“使翔者”对接收的寄养鸽应采取与自己的赛鸽相同的饲养、管理和训练方法。

4. 当发生寄养鸽伤病、死亡或飞失情况时，“使翔者”应及时通知“作育者”。

二、对“作育者”的要求

1.“作育者”必须申请注册成为寄养赛举办单位会员，同意按照寄养赛竞赛规程的规定参赛。

2.“作育者”送赛的寄养鸽，必须是隶属于“作育者”的、佩戴标志信鸽身份的统一足环的、经中国信鸽协会授权单位注册的（购买寄养赛举办单位发售的足环便自动获得了注册参赛资格）、符合寄养赛规程要求的鸽子。

3.“作育者”同意将自己送赛的幼鸽由寄养赛举办单位分配到指定的“使翔者”鸽舍饲养、送赛，“作育者”在送交寄养鸽时应将该鸽的足环证同时转交“使翔者”。

三、寄养鸽的所有权归属

1. 寄养鸽的所有权归“作育者”和“使翔者”共同所有。

2.“作育者”送赛幼鸽既可由寄养赛举办单位委派给“使翔者”，也可由“作育者”和“使翔者”直接协商接收事宜。

3.寄养鸽驯养、送赛费用的支付和奖金分配，以及寄养赛结束后对寄养鸽的处置，均按双方事先的约定方式办理。

第五十一条　团体赛

团体赛可规定参赛者交鸽羽数，也可不规定参赛者交鸽羽数。

团体赛以下列方法排列名次。

方法一：把各参赛单位所有参赛鸽获奖名次分别换算成积分，以积分总和的多少决定团体名次。总积分多者名次列前；如总积分相同，以首羽赛鸽的分速决定名次，分速快者名次列前。参赛鸽获奖名次换算成积分的方法是，按参赛鸽总数的20%比例设定录取名次，以进入录取名次的获奖鸽的飞行速度（平均每分钟的飞行米数）乘以1000再除以第一名的飞行速度得出积分，积分数值保留到小数点后两位数。

方法二：以相同赛鸽羽数的平均分速决定名次，平均分速快者名次列前。

方法三：赛前指定相同羽数的赛鸽参赛，以归巢鸽数的百分比排列名次。归巢率高者名次列前；如归巢率相同，以平均分速排列名次，平均分速快者名次列前。

第五十二条　排名赛

根据参赛者在若干分站排名赛中的成绩，计算出各参赛者的总排名。

排名赛以下列方法排列名次。

方法一：先计算某站比赛中同一参赛者所有参赛鸽的分别得分（得分计算法同团体赛的积分换算法），再用累计总得分除以本人报名参赛鸽数（最低报名参赛数量为4羽，不足4羽的仍除以4）得出本站积分，以参赛者各站比赛中的积分之和决定名次，总积分多者名次列前。

方法二：先计算相同羽数赛鸽在每站比赛中的平均分速，再用各站平均分速之和除以比赛站数得出总平均分速，以相同羽数赛鸽的总平均分速决定名次，总平均分速快者名次列前。

第五章　附　则

第五十三条　对举办信鸽赛的要求

1. 遵守国家法律和《信鸽活动管理办法》。

2. 执行《中国信鸽竞赛规则》。

3. 不得组织和举办佩戴非全国统一足环的信鸽比赛（国际比赛除外）。

4. 比赛举办单位根据比赛的需要建立相应的竞赛组织机构，从事比赛的筹备工作，制定竞赛规程。竞赛规程的内容应包括竞赛日期、竞赛地点、竞赛项目、竞赛方法、报名资格、报名日期、报名方法、参赛费用以及所设奖项、奖励方法等。

5. 举办全国性或国际性比赛（含公棚赛）须经省级信鸽协会报中国信鸽协会批准，须在比赛集鸽前向中国信鸽协会提出办赛申请并交纳相关费用。

中国信鸽协会对获得批准的比赛均可派代表或裁判员出席，派出人员的差旅和食宿费用由办赛单位负担。

6. 比赛集鸽完毕后须公布参赛者名单和参赛鸽羽数及环号。

7. 监放单位不得以营利为目的收取举办单位费用。监放人员差旅费、食宿费及劳务补助由举办单位负担。

《信鸽活动管理办法》见附件十四。

《信鸽活动管理办法实施细则》见附件十五。

第五十四条　裁判委员会

中国信鸽协会下设裁判委员会，省级信鸽协会亦应设裁判委员会，地、县级信鸽协会可参照设置。裁判委员会负责协助体育竞赛管理部门制定裁判员发展规划，组织裁判员学习、考核和注册，提出奖惩裁判员的具体意见，并指导和协助下级裁判委员会开展工作。

举办信鸽比赛须设裁判委员会（或裁判组），由裁判长、副裁判长、裁判员等若干人员组成。裁判工作是信鸽比赛的重要组成部分，裁判正确与否直接影响到比赛进行和比赛结果是否公正，同时会影响到信鸽运动的发展，故对裁判委员会的组成人员需有相应的资质要求。

第五十五条　裁判员委派和管理

1. 全国性和国际性信鸽比赛由中国信鸽协会统一调配裁判员，相关省地协会应予配合。

2. 各级裁判员外出执行裁判任务需经各级信鸽协会委派。裁判员的选派应遵循适岗、适量和公开、公正的原则。

3. 全国性信鸽竞赛副裁判长（含）以上职务由国家级裁判员担任，裁判员的技术等级为一级（含）以上；省级信鸽竞赛副裁判长（含）以上职务由一级（含）以上裁判员担任，裁判员技术等级为二级（含）以上；地、县级信鸽竞赛副裁判长（含）以上职务由二级（含）以上裁判员担任，裁判员技术等级为二级（含）以上。

4. 裁判员执法须实行回避制度。

5. 裁判长应于赛前审核裁判员证书的注册登记情况。如裁判员未能出示符合规定的裁判员证书，应停止其裁判工作并向选派单位报告。

6. 各级信鸽协会不得跨地域、跨系统审定裁判员。裁判员户籍变更时，应持审定单位证明和本人裁判员证书到具有相应裁判员审定权限的体育行政部门更换裁判员证书。国家级裁判员户籍变更时，需报中国信鸽协会备案。

《中国信鸽协会裁判员管理办法》见附件十六。

第五十六条　仲裁委员会

举行信鸽比赛须设仲裁委员会（或仲裁组），由三名以上高资质人士组成，负责裁决比赛中出现的争议，保证《中国信鸽竞赛规则》和竞赛规程的正确执行。

仲裁委员会的裁决为最终裁决。

《仲裁委员会条例》见附件十七。

第五十七条　禁止条例

1. 禁止参赛者使用虚构假名参赛。

2. 禁止赛鸽佩戴伪造足环参赛。

3. 禁止以不同位置的两个（含）以上鸽舍（A、B棚）训养同一羽信鸽参赛。

4. 禁止参赛鸽服用兴奋剂。

5. 禁止参赛者以未经注册的鸽舍参赛，禁止参赛者使用虚假鸽舍坐标或沿用旧鸽舍坐标参赛。

6. 禁止为赛鸽制造假参赛身份。

7. 禁止为参赛鸽佩戴与比赛无关的足环或在身体任何部位做任何与比赛无关的标记。

8. 禁止用非正常手段给非幼年鸽佩戴足环参赛。

9. 禁止私自拆改比赛计时器材或更改比赛计时器信息。

10. 禁止明知信鸽伤病仍将其送赛。

11. 禁止参赛者以种种借口拖延、阻碍裁判员入户查棚验鸽。

12. 在幼鸽赛和特比环赛中，禁止在适合给鸽子戴环的时间之后使用非正常手段给鸽子佩戴足环参赛。

13. 在公棚赛和特比环赛中，禁止赛环破损、变形与戴环一侧鸽脚出现伤残的信鸽参赛。

14. 禁止未交参赛费的信鸽参赛。

15. 禁止公棚赛组织单位及相关人员送鸽参加本公

棚赛。

16. 禁止兼办种鸽舍公棚“作育幼鸽代挂足环”的信鸽参加本公棚赛。

17. 禁止给赛鸽喂食对身体有害的食物和饮品。

18. 禁止伪造针对参赛鸽的饲料供给、喂食、投药、抽检、伤病、死亡等记录。

19. 公棚赛正式比赛期间，禁止公棚赛从业人员及监赛单位委派的裁判员以外的其他人员进入鸽舍。

20. 禁止公棚赛承办单位对部分赛鸽采取特殊的饲养、管理和训练。

21. 禁止公棚赛承办单位在公棚内训养参赛鸽以外的其他鸽子。

22. 禁止公棚赛承办单位为提高存棚鸽数长期圈养而不进行飞行训练的行为。

23. 禁止将未交公棚赛参赛费信鸽的所有权转让给他人。

24. 禁止更改、虚构与训练、比赛相关的数据和资料，禁止向外发布未经核实的信息。

25. 禁止将设置赛鸽参赛身份注记的信息透露给执行裁判员以外的任何人。

26. 禁止裁判工作人员透露尚未确认的竞赛成绩和尚未查实的疑似违例现象。

27. 禁止裁判工作人员藏留或私带赛鸽、中途司放赛鸽等徇私舞弊行为。

28. 禁止裁判工作人员在空白的比赛表单上签字、

盖章。

29. 禁止裁判工作人员在比赛期间与参赛者一起吃喝玩乐。

30. 禁止监赛单位或监放单位人员以种种理由向举办单位索要额外费用。

第五十八条　处罚条例

1. 比赛举办者、承办者违反禁止条例，或不执行竞赛规则和竞赛规程、故意不收取关系单位和关系人参赛费、利用工作之便徇私舞弊，甚至工作混乱引发群体事件的，视情节轻重给予警告、通报批评、罚款、停赛、停发年度足环等处罚。

2. 比赛监赛者、监放者违反禁止条例，或不按时到岗、延误正常开笼、故意刁难举办者，甚至向当地不良人员通风报信截夺赛鸽的，视情节轻重给予警告、通报批评、罚款、取消比赛资格、停发年度足环、取消会籍等处罚。

3. 裁判员违反禁止条例，或不服从委派、擅离职守、故意偏袒，甚至在执裁工作中出现重大失误造成严重后果的，视情节轻重给予警告、停止裁判工作、降低或撤销裁判员等级等处罚。

4. 参赛者违反禁止条例，或干扰裁判工作、影响比赛正常进行的，视情节轻重给予警告、取消比赛成绩、取消参赛资格、开除会籍等处罚。凡属弄虚作假行为，不论赛中赛后，一经查实即取消获奖名次、收回奖品奖金。对涉嫌违法犯罪的，提交司法机关追究其法律责任。

第五十九条　申诉

参赛者对比赛中裁判员的判决不服时，有权就出现的争议问题向仲裁委员会提出申诉。

申诉须在比赛结束后 12 小时内以书面形式提出，并交纳 500 元人民币申诉费。若胜诉申诉费退回，败诉则不再退款。

第六十条　执行日期和解释权

本规则自公布之日起执行。

本规则的解释权属中国信鸽协会。

附件

附件一　信鸽竞翔报名表

信鸽竞翔报名表（A4）

________信鸽协会　　　公里　　　站　　　年　　月　　日

<table>
<tr><td rowspan="2">序号</td><td colspan="3">信鸽足环</td><td rowspan="2">性别</td><td rowspan="2">羽色</td><td rowspan="2">眼砂</td><td rowspan="2">密码环存根</td></tr>
<tr><td>年份</td><td>代码</td><td>足环号码</td></tr>
<tr><td>1</td><td></td><td></td><td></td><td></td><td></td><td></td><td></td></tr>
<tr><td>2</td><td></td><td></td><td></td><td></td><td></td><td></td><td></td></tr>
<tr><td>3</td><td></td><td></td><td></td><td></td><td></td><td></td><td></td></tr>
<tr><td>4</td><td></td><td></td><td></td><td></td><td></td><td></td><td></td></tr>
<tr><td>5</td><td></td><td></td><td></td><td></td><td></td><td></td><td></td></tr>
<tr><td>6</td><td></td><td></td><td></td><td></td><td></td><td></td><td></td></tr>
<tr><td>7</td><td></td><td></td><td></td><td></td><td></td><td></td><td></td></tr>
<tr><td>8</td><td></td><td></td><td></td><td></td><td></td><td></td><td></td></tr>
<tr><td>9</td><td></td><td></td><td></td><td></td><td></td><td></td><td></td></tr>
<tr><td>10</td><td></td><td></td><td></td><td></td><td></td><td></td><td></td></tr>
<tr><td>会员姓名</td><td colspan="2"></td><td>棚号证号</td><td></td><td colspan="2">联系电话</td><td></td></tr>
<tr><td>鸽棚地址</td><td colspan="7"></td></tr>
<tr><td>坐标</td><td colspan="4"></td><td>笼号</td><td colspan="2"></td></tr>
<tr><td colspan="8">共计：　　　羽　　　　裁判员签字（章）：</td></tr>
</table>

注：1. 逐项填写清楚，涂改、错填环号和内容的赛鸽取消成绩。

2. 密码环存根、坐标及笼号栏由协会统一填写。

附件二　信鸽竞翔监放单

信鸽竞翔监放单（A4）

举办比赛单位（章）：　　裁判长签字：　　　　年　月　日

<table>
<tr><td rowspan="7">竞赛单位填写</td><td>司放地点</td><td></td><td>集鸽时间</td><td>日　时　分</td></tr>
<tr><td>分装笼数</td><td></td><td>赛鸽羽数</td><td></td></tr>
<tr><td>笼封方式</td><td></td><td rowspan="2">铅封编号</td><td rowspan="2"></td></tr>
<tr><td colspan="2" rowspan="4">途中运输情况：</td></tr>
<tr><td>集鸽长签字</td><td></td></tr>
<tr><td>司放长签字</td><td></td></tr>
<tr><td rowspan="2">司放地坐标</td><td>东经</td></tr>
<tr><td rowspan="7">监放单位填写</td><td>司放地点</td><td>市　区　县</td><td>北纬</td></tr>
<tr><td>实查笼数</td><td></td><td>实查羽数</td><td></td></tr>
<tr><td rowspan="2">笼封情况</td><td rowspan="2"></td><td>天气情况</td><td></td></tr>
<tr><td>司放时间</td><td>日　时　分</td></tr>
<tr><td>备注</td><td colspan="3"></td></tr>
<tr><td rowspan="2">监放裁判员</td><td>签字</td><td colspan="2" rowspan="2">监放单位意见：
年　月　日（章）</td></tr>
<tr><td>签字</td></tr>
</table>

注：1. 笼封情况符合要求请填写“铅封完好”。

2. 核实司放裁判员的身份证件，准确无误后，监督放飞。

3. 无章、填写不全，均视为无效。

4. 如有涂改，注明情况并加盖公章。

附件三　全国统一足环信息和足环证

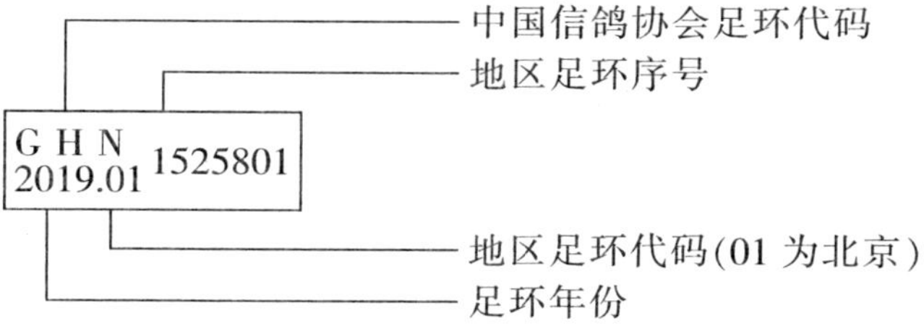

附件四　信鸽足环代码

地区	代码	地区	代码	地区	代码
北京	01	安徽	12	贵州	23
天津	02	福建	13	云南	24
河北	03	江西	14	西藏	25
山西	04	山东	15	陕西	26
内蒙古	05	河南	16	甘肃	27
辽宁	06	湖北	17	青海	28
吉林	07	湖南	18	宁夏	29
黑龙江	08	广东	19	新疆	30
上海	09	广西	20	重庆	31
江苏	10	海南	21	火车头	32
浙江	11	四川	22	石油	33

附件五　中国信鸽足环管理规定

中鸽协字〔2018〕24号

第一章　总则

第一条　为加强我国信鸽运动项目管理，增强信鸽比赛的规范性、公正性，切实保障会员的合法权益及信鸽竞赛活动健康有序发展，根据《信鸽活动管理办法》《信鸽竞赛规则》及国家相关法律、法规，制定本规定。

第二条　本办法适用于在中华人民共和国境内开展的信鸽竞赛及相关活动。国内从事信鸽育种、竞赛、经营活动的各级信鸽协会、俱乐部、公棚等信鸽组织及会员，必须遵守本规定。

第三条　本办法所称信鸽足环，是指佩戴在信鸽身体上的无缝环状标志物。足环是注册的信鸽协会会员所拥有信鸽的身份标识，具有唯一性、排他性和专属性。

第四条　信鸽足环配有印制与其号码相一致的足环证。足环证是信鸽的所有权凭证。

第五条　信鸽足环和足环证由中国信鸽协会统一管理，按年度统一订制并逐级下发。各省级和行业信鸽协会负责登记、注册并管理本省、本行业内发放的信鸽足环和足环证。

为纪念特殊事件定制发行的纪念性信鸽足环和足环证必须经中国信鸽协会批准。

第二章　信鸽足环、足环证的生产

第六条　中国信鸽协会负责统计、确定信鸽足环和足环证的样式和数量，监制信鸽足环证的生产，并通过招标选定信鸽足环和足环证的生产厂家，按照确定的数量及制式统一生产足环。

第七条　中国信鸽协会每年根据信鸽足环、足环证需求与承制企业签订生产合同。承制企业按照合同约定的时间、数量完成信鸽足环、足环证生产任务，执行信鸽足环、足环证生产技术规范。承制企业不得泄露信鸽足环、足环证专用材料和生产工艺技术信息，也不得生产合同以外的信鸽足环、足环证。

第八条　信鸽足环的规格和样式：

（一）信鸽足环由透明外层、金属内层及金属内层外侧信息层组成；

（二）信鸽足环内径 8 毫米，外径 10.8 毫米，高度 11 毫米，公差 0.1 毫米；

（三）内层材质为铝，外层材质为透明塑料；

（四）足环颜色为红（185c）、橘（804c）、黄（113c）、果绿（375c）、粉（806c）、蓝（638c）、紫（528c）、草绿（3395c）共 8 种基色，以年度为周期轮换制作，自 2019 年

开始执行。

第九条 信鸽足环信息须包括以下内容：

（一）中国的英文缩写 CHN（3 位英文字母）；

（二）发行年的年份（4 位阿拉伯数字）；

（三）省级协会代码（2 位阿拉伯数字）；

（四）序号（7 位数字）；

（五）二维码或颜色条形信息码。

第十条 信鸽足环证的规格和内容：

（一）是由 157 克无光铜版纸正背双面版纹防伪彩色印制；

（二）外观尺寸为横向 65 毫米，纵向 50 毫米，公差 3 毫米；

（三）正面采用白色底，上印与相配信鸽足环的颜色，以中国信鸽协会英文缩写字母“CRPA”图案浮雕状防伪条状底纹；

（四）正面印有图文，包括：中国的英文 CHINA（5 个英文字母）、中国的英文缩写 CHN（3 个英文字母），信鸽足环发行年的年份（4 位阿拉伯数字），省、直辖市、自治区及行业信鸽协会代码（2 位阿拉伯数字）、流水顺序编号（7 位阿拉伯数字）、校验码（6 位阿拉伯数字），中国信鸽协会徽标和“中国信鸽协会”“信鸽足环证”“校验码”“中国信鸽协会监制”“本证为此足环号码信鸽所有权证明”等简体汉字及十瓣花状图案；

（五）背面采用白色底，上印与相配信鸽足环颜色的中国信鸽协会徽标图案浮雕状防伪条状底纹。

第三章 信鸽足环、足环证的发行和管理

第十一条 信鸽足环、足环证须按照中国信鸽协会—省级信鸽协会—地市或区县级信鸽协会—个人会员的渠道逐级发行。

第十二条 信鸽足环实行指导性定价。各省级信鸽协会须根据本地区（或行业系统）实际，制定各级信鸽协会发行价格，经公示报中国信鸽协会备案后执行。

第十三条 信鸽足环发行执行实名注册及登记制度。各级协会、个人会员通过中国信鸽协会官方网站进行实名注册、登记，并通过网站足环管理系统订购足环。

第十四条 市、区县级协会每年须于规定日期前通过中国信鸽协会官网协会足环管理系统将下一年全国统一足环预定信息逐级上报审批，由省级协会在规定日期内统一审批提交至中国信鸽协会。

第十五条 个人会员购买并收到足环后，应在中国信鸽协会官方网站上对其所购足环的信息进行登记。

第十六条 信鸽足环发行收入应依据《社会团体登记管理条例》以及协会章程的有关规定规范、合理使用，严禁挪作他用。信鸽足环发行收入不得与训放费用、会费及其他费用合并收取。

第十七条 纪念环特指全国或省市发生的，因具有

纪念意义的大事件而发行的，用于特定时间、特定区域、特定场次举办信鸽竞赛活动的专用足环。定制纪念环必须由省级协会向中国信鸽协会报批后，授权并指定厂家生产。

第十八条 “中国杯”足环为全国职业信鸽联赛专项竞赛使用，属特比性质，专环专用，由中国信鸽协会授权发行。

第四章 信鸽足环使用及参赛

第十九条 在中国境内举行的信鸽比赛，参赛信鸽必须佩戴信鸽足环。用于特比环赛的识别环，必须按照比赛规程规定配合信鸽足环使用。使用信鸽足环参加全国比赛时，地方协会会员与行业协会会员交叉参赛的，按《中国信鸽竞赛规则（2015）》等相关规定执行。

各级信鸽协会会员注册的信鸽参加公棚竞赛活动（含国际性公棚赛），其参赛鸽的足环代码不受区域限制。

第二十条 足环持有者必须同时持有与其足环号码相一致的足环证，作为信鸽归属、成绩以及相应权利的有效依据。

第二十一条 境外（含港、澳、台）信鸽足环在大陆地区参赛的，需按照中鸽协字 2017 年 10 号文《关于境外（含港、澳、台）信鸽足环在大陆地区参赛使用要求的通知》在中国信鸽协会进行备案。

第五章　罚则

第二十二条　私自制作、伪造、销售信鸽足环属违法行为，一经发现查实将追究法律责任。

第二十三条　违反规定，使用非信鸽足环组织比赛，各级信鸽协会可以根据情节轻重分别予以警告、通报批评和报告行政执法部门依法取缔比赛。涉嫌违法犯罪的，提交司法机关依法追究其法律责任。

第二十四条　各级协会出现下列情况的，给予通报批评；情节严重的，暂停该协会信鸽足环发行权，由其上级协会指定某协会或由上级协会代替该协会在该地区发行信鸽足环。

（一）不执行中国信鸽协会制定的信鸽足环终端发行价格规定或发行收入与其他费用合并收取的；

（二）发行工作中故意刁难下一级信鸽协会或会员，无正当理由不满足下一级信鸽协会或会员购买足环数量要求的；

（三）销售非信鸽足环，并用其组织赛事干扰竞赛市场的；

（四）擅自改变发行范围，跨省、自治区、直辖市发行信鸽足环，或行业信鸽协会向地方信鸽协会发放信鸽足环的。

第二十五条 会员使用假信鸽足环参加比赛，一经发现取消该羽参赛鸽当年全部成绩，并给予会员停赛两年的处分。

第六章 附则

第二十六条 本办法由中国信鸽协会负责解释。

第二十七条 本办法自公布日起施行。

中国信鸽协会

2018 年 5 月 30 日

附件六　信鸽归巢报到顺序表

信鸽归巢报到顺序表（A4）

比赛项目：　参赛羽数：　当日天气：　风向：　风力：

司放地点：　司放时间：　归巢时间：　司放地经纬度：　制表：

序号	姓名	棚号证号	足环号码	赛鸽资料	持鸽钟报到时间	归巢时间或持鸽	鸽棚经纬度	实际空距（千米）	飞行速度（米/分）	备注
1										
2										
3										
4										
5										
6										
7										
8										
9										
10										

裁判长：　记录裁判员：　委派裁判员：

附件七　信鸽比赛用机械式计时器计时报到登记表

信鸽比赛用机械式计时器计时报到登记表（A4）

序号：　第　次报到　到达报到点时间：　时　分

姓名		鸽棚或会员证号				
锁表时间（北京）　时　分		坐标				
孔号	鸽钟走时	足环号码	性别	羽色	眼砂	
1	日　时　分　秒					
2	日　时　分　秒					
3	日　时　分　秒					
4	日　时　分　秒					
5	日　时　分　秒					
6	日　时　分　秒					
7	日　时　分　秒					
8	日　时　分　秒					
9	日　时　分　秒					
10	日　时　分　秒					
11	日　时　分　秒					

裁判员签字（章）：　　　　裁判员签字（章）：

会员签字：　　　　日期：

附件八　日出日落时间表

日出日落时间表

日期	北京	天津	石家庄	太原	呼和浩特
月 日	时 分 时 分	时 分 时 分	时 分 时 分	时 分 时 分	时 分 时 分
1 1	7 37 17 00	7 31 16 59	7 39 17 13	7 46 17 21	7 58 17 16
1 11	7 36 17 09	7 30 17 08	7 39 17 22	7 46 17 30	7 57 17 26
1 21	7 32 17 20	7 27 17 19	7 35 17 33	7 42 17 40	7 53 17 37
2 1	7 24 17 34	7 19 17 32	7 27 17 45	7 35 17 53	7 44 17 50
2 11	7 13 17 46	7 08 17 44	7 18 17 56	7 25 18 04	7 33 18 03
2 21	7 00 17 57	6 56 17 55	7 06 18 07	7 13 18 15	7 20 18 46
3 1	6 49 18 06	6 45 18 03	6 55 18 15	7 02 18 23	7 08 18 24
3 11	6 34 18 17	6 30 18 14	6 40 18 25	6 48 18 33	6 53 18 35
3 21	6 18 18 27	6 14 18 24	6 25 18 35	6 33 18 42	6 36 18 46

续表

日期	北京	天津	石家庄	太原	呼和浩特
月 日	时 分 时 分	时 分 时 分	时 分 时 分	时 分 时 分	时 分 时 分
4 1	6 00 18 39	5 57 18 35	6 08 18 45	6 16 48 52	6 18 18 58
4 11	5 44 18 49	5 41 18 44	5 53 18 54	6 01 19 02	6 02 19 08
4 21	5 29 18 59	5 27 18 54	5 39 19 03	5 47 19 11	5 46 19 19
5 1	5 16 19 09	5 14 19 04	5 27 19 13	5 34 19 20	5 32 19 29
5 11	5 04 19 19	5 03 19 13	5 16 19 22	5 24 19 29	5 21 19 39
5 21	4 55 19 28	4 54 19 22	5 07 19 31	5 15 19 38	5 11 19 49
6 1	4 48 19 37	4 47 19 31	5 01 19 39	5 09 19 46	5 04 19 58
6 11	4 46 19 43	4 45 19 37	4 59 19 45	5 07 19 52	5 01 20 05
6 21	4 46 19 47	4 45 19 41	4 59 19 48	5 07 19 55	5 02 20 08

续表

日期	北京	天津	石家庄	太原	呼和浩特
月 日	时 分 时 分	时 分 时 分	时 分 时 分	时 分 时 分	时 分 时 分
7 1	4 49 19 47	4 49 19 41	5 03 19 49	5 11 19 56	5 05 20 09
7 11	4 55 19 45	4 54 19 39	5 08 19 47	5 16 19 54	5 11 20 06
7 21	5 03 19 39	5 02 19 33	5 15 19 41	5 23 19 48	5 19 20 00
8 1	5 13 19 29	5 11 19 23	5 24 19 32	5 32 19 39	5 29 19 50
8 11	5 22 19 17	5 20 19 12	5 33 19 21	5 41 19 28	5 39 19 38
8 21	5 31 19 04	5 29 18 59	5 42 19 08	5 50 19 16	5 49 19 24
9 1	5 42 18 47	5 39 18 43	5 51 18 53	5 59 19 00	6 00 19 06
9 11	5 51 18 31	5 48 18 27	6 00 18 37	6 08 18 45	6 09 18 50
9 21	6 01 18 14	5 58 18 11	6 09 18 22	6 16 18 29	6 19 18 33

续表

日期		北京				天津				石家庄				太原				呼和浩特			
月	日	时	分	时	分	时	分	时	分	时	分	时	分	时	分	时	分	时	分	时	分
10	1	6	10	17	58	6	07	17	55	6	17	18	06	6	25	18	14	6	29	18	16
10	11	6	20	17	42	6	16	17	39	6	27	17	51	6	34	17	59	6	40	18	00
10	21	6	31	17	27	6	27	17	25	6	36	17	37	6	44	17	45	6	51	17	45
11	1	6	43	17	13	6	38	17	11	6	48	17	24	6	55	17	31	7	03	17	30
11	11	6	55	17	02	6	49	17	01	6	58	17	14	7	06	17	22	7	15	17	19
11	21	7	06	16	55	7	01	16	53	7	09	17	07	7	16	17	15	7	27	17	11
12	1	7	17	16	50	7	11	16	49	7	19	17	03	7	26	17	11	7	38	17	06
12	11	7	26	16	50	7	20	16	49	7	28	17	03	7	35	17	11	7	47	17	06
12	21	7	33	16	53	7	27	16	52	7	35	17	06	7	42	17	14	7	54	17	09

日出日落时间表

日期		沈阳				长春				哈尔滨				上海				南京			
月	日	时	分	时	分	时	分	时	分	时	分	时	分	时	分	时	分	时	分	时	分
1	1	7	14	16	26	7	13	16	12	7	15	16	00	6	53	17	03	7	06	17	11
1	11	7	13	16	36	7	12	16	22	7	13	16	10	6	54	17	11	7	07	17	19
1	21	7	08	16	47	7	07	16	34	7	07	16	23	6	52	17	19	7	05	17	28
2	1	6	59	17	01	6	56	16	49	6	56	16	39	6	47	17	29	6	59	17	38
2	11	6	48	17	14	6	44	17	03	6	43	16	54	6	40	17	38	6	51	17	47
2	21	6	34	17	26	6	29	17	16	6	27	17	08	6	30	17	46	6	42	17	56
3	1	6	22	17	36	6	17	17	27	6	13	17	20	6	22	17	52	6	33	18	02
3	11	6	06	17	48	5	59	17	39	5	55	17	33	6	10	17	59	6	21	18	10
3	21	5	49	17	59	5	41	17	52	5	36	17	47	5	58	18	06	6	08	18	17

续表

日期		沈阳				长春				哈尔滨				上海				南京			
月	日	时	分	时	分	时	分	时	分	时	分	时	分	时	分	时	分	时	分	时	分
4	1	5	30	18	11	5	21	18	05	5	15	18	01	5	44	18	13	5	54	18	24
4	11	5	13	18	22	5	04	18	17	4	56	18	14	5	32	18	20	5	42	18	31
4	21	4	58	18	33	4	47	18	29	4	38	18	27	5	20	18	26	5	30	18	38
5	1	4	43	18	44	4	31	18	41	4	22	18	40	5	10	18	33	5	19	18	45
5	11	4	31	18	55	4	18	18	53	4	08	18	53	5	02	18	40	5	11	18	52
5	21	4	21	19	05	4	08	19	04	3	56	19	04	4	55	18	47	5	04	18	59
6	1	4	14	19	14	4	00	19	14	3	47	19	15	4	51	18	53	5	00	19	06
6	11	4	11	19	21	3	56	19	21	3	43	19	23	4	50	18	58	4	58	19	11
6	21	4	11	19	24	3	56	19	25	3	43	19	27	4	50	19	01	4	59	19	14

续表

日期	沈阳	长春	哈尔滨	上海	南京
月 日	时 分 时 分	时 分 时 分	时 分 时 分	时 分 时 分	时 分 时 分
7 1	4 15 19 25	4 00 19 25	3 47 19 27	4 53 19 02	5 02 19 15
7 11	4 21 19 22	4 06 19 21	3 54 19 23	4 58 19 01	5 07 19 14
7 21	4 29 19 15	4 15 19 14	4 04 19 15	5 04 18 57	5 13 19 10
8 1	4 40 19 05	4 26 19 03	4 16 19 02	5 11 18 50	5 20 19 02
8 11	4 50 18 52	4 38 18 49	4 28 18 49	5 17 18 41	5 26 18 53
8 21	5 00 18 38	4 49 18 34	4 40 18 32	5 23 18 31	5 33 18 43
9 1	5 11 18 20	5 01 18 15	4 54 18 12	5 30 18 18	5 40 18 30
9 11	5 22 18 03	5 13 17 57	5 06 17 35	5 36 18 06	5 46 18 17
9 21	5 32 17 46	5 24 17 39	5 18 17 34	5 42 17 53	5 52 18 04

续表

日期		沈阳				长春				哈尔滨				上海				南京			
月	日	时	分	时	分	时	分	时	分	时	分	时	分	时	分	时	分	时	分	时	分
10	1	5	42	17	29	5	36	17	21	5	31	17	15	5	48	17	40	5	58	17	50
10	11	5	53	17	12	5	48	17	03	5	44	16	56	5	54	17	28	6	05	17	38
10	21	6	05	16	56	6	00	16	46	5	57	16	38	6	01	17	16	6	12	17	26
11	1	6	18	16	41	6	14	16	30	6	13	16	21	6	09	17	06	6	21	17	15
11	11	6	30	16	30	6	27	16	17	6	27	16	07	6	18	16	59	6	30	17	08
11	21	6	42	16	22	6	40	16	08	6	41	15	57	6	26	16	54	6	39	17	03
12	1	6	54	16	17	6	52	16	03	6	53	15	51	6	35	16	51	6	47	17	00
12	11	7	03	16	16	7	03	16	01	7	04	15	49	6	42	16	52	6	55	17	01
12	21	7	10	16	19	7	10	16	04	7	11	15	52	6	49	16	56	7	01	17	04

日出日落时间表

日期	杭州	合肥	福州	南昌	济南
月 日	时 分 时 分	时 分 时 分	时 分 时 分	时 分 时 分	时 分 时 分
1 1	6 56 17 10	7 11 17 18	6 50 17 23	7 09 17 30	7 25 17 07
1 11	6 57 17 18	7 12 17 26	6 52 17 30	7 10 17 38	7 25 17 16
1 21	6 56 17 26	7 10 17 35	6 51 17 37	7 09 17 46	7 22 17 26
2 1	6 51 17 36	7 05 17 45	6 47 17 46	7 05 17 55	7 15 17 37
2 11	6 44 17 44	6 57 17 54	6 42 17 53	6 58 18 03	7 05 17 48
2 21	6 34 17 52	6 48 18 02	6 34 17 59	6 50 18 10	6 54 17 58
3 1	6 26 17 58	6 39 19 09	6 27 18 04	6 42 18 16	6 44 18 06
3 11	6 15 18 05	6 27 18 16	6 17 18 09	6 31 18 22	6 30 18 16
3 21	6 03 18 11	6 14 18 23	6 06 18 14	6 20 18 28	6 15 18 24

续表

日期		杭州				合肥				福州				南昌				济南			
月	日	时	分	时	分	时	分	时	分	时	分	时	分	时	分	时	分	时	分	时	分
4	1	5	49	18	18	6	00	18	30	5	55	18	19	6	07	18	34	5	59	18	34
4	11	5	37	18	24	5	48	18	37	5	44	18	24	5	55	18	40	5	45	18	43
4	21	5	26	18	30	5	36	18	44	5	34	18	29	5	45	18	45	5	31	18	51
5	1	5	16	18	37	5	26	18	51	5	26	18	34	5	36	18	51	5	19	19	00
5	11	5	08	18	43	5	17	18	58	5	19	18	40	5	28	18	57	5	09	19	09
5	21	5	02	18	50	5	11	19	05	5	14	18	45	5	22	19	03	5	01	19	17
6	1	4	58	18	56	5	06	19	12	5	11	18	50	5	19	19	09	4	55	19	25
6	11	4	57	19	01	5	05	19	17	5	10	18	55	5	17	19	14	4	53	19	31
6	21	4	58	19	04	5	05	19	20	5	11	18	58	5	19	19	17	4	53	19	34

续表

日期	杭州	合肥	福州	南昌	济南
月 日	时 分 时 分	时 分 时 分	时 分 时 分	时 分 时 分	时 分 时 分
7 1	5 01 19 05	5 09 19 21	5 14 18 59	5 21 19 18	4 57 19 35
7 11	5 05 19 04	5 13 19 19	5 18 18 58	5 26 19 17	5 02 19 33
7 21	5 11 19 00	5 19 19 15	5 32 18 55	5 31 19 14	5 09 19 28
8 1	5 17 18 53	5 26 19 08	5 28 18 50	5 37 19 07	5 17 19 19
8 11	5 23 18 45	5 33 18 59	5 33 18 42	5 43 18 59	5 26 19 08
8 21	5 29 18 35	5 39 18 49	5 38 18 34	5 48 18 50	5 34 18 56
9 1	5 36 18 23	5 46 18 36	5 43 18 23	5 54 18 38	5 43 18 41
9 11	5 41 18 10	5 52 18 23	5 47 18 12	5 59 18 26	5 51 18 26
9 21	5 47 17 58	5 58 18 10	5 51 18 01	6 04 18 14	5 59 18 11

续表

日期	杭州	合肥	福州	南昌	济南
月 日	时 分 时 分	时 分 时 分	时 分 时 分	时 分 时 分	时 分 时 分
10 1	5 52 17 45	6 04 17 57	5 55 17 50	6 09 18 02	6 07 17 56
10 11	5 59 17 33	6 11 17 44	5 59 17 39	6 14 17 51	6 15 17 42
10 21	6 05 17 22	6 18 17 33	6 05 17 30	6 20 17 41	6 25 17 29
11 1	6 13 17 12	6 27 17 22	6 11 17 21	6 28 17 31	6 35 17 16
11 11	6 21 17 05	6 36 17 14	6 18 17 15	6 35 17 25	6 45 17 06
11 21	6 30 17 00	6 44 17 09	6 25 17 12	6 43 17 20	6 56 17 00
12 1	6 38 16 58	6 53 17 07	6 33 17 11	6 51 17 19	7 05 16 56
12 11	6 46 16 59	7 01 17 07	6 40 17 12	6 59 17 20	7 14 16 56
12 21	6 52 17 03	7 07 17 11	6 46 17 16	7 05 17 24	7 21 17 00

日出日落时间表

日期	郑州	武汉	长沙	广州	南宁
月 日	时 分 时 分	时 分 时 分	时 分 时 分	时 分 时 分	时 分 时 分
1 1	7 33 17 25	7 20 17 33	7 21 17 44	7 08 17 53	7 27 18 13
1 11	7 33 17 34	7 21 17 40	7 22 17 51	7 10 18 00	7 29 18 20
1 21	7 31 17 43	7 20 17 49	7 21 17 59	7 10 18 07	7 28 18 27
2 1	7 24 17 54	7 15 17 59	7 17 18 08	7 07 18 15	7 26 18 35
2 11	7 16 18 04	7 08 18 07	7 10 18 16	7 02 18 21	7 22 18 41
2 21	7 05 18 14	6 58 18 15	7 02 18 23	6 56 18 26	7 15 18 46
3 1	6 55 18 21	6 50 18 21	6 54 18 29	6 49 18 30	7 09 18 50
3 11	6 42 18 29	6 38 18 28	6 43 18 35	6 40 18 35	7 00 18 54
3 21	6 29 18 38	6 26 18 35	6 32 18 40	6 31 18 39	6 50 18 58

续表

日期	郑州	武汉	长沙	广州	南宁
月 日	时 分 时 分	时 分 时 分	时 分 时 分	时 分 时 分	时 分 时 分
4 1	6 13 18 46	6 13 18 42	6 20 18 46	6 20 18 43	6 40 19 02
4 11	6 00 18 54	6 01 18 48	6 08 18 52	6 11 18 46	6 31 19 06
4 21	5 47 19 02	5 50 18 54	5 58 18 57	6 02 18 50	6 22 19 10
5 1	5 36 19 10	5 40 19 01	5 49 19 03	5 54 18 54	6 14 19 14
5 11	5 26 19 18	5 31 19 08	5 41 19 09	5 48 18 59	6 08 19 18
5 21	5 19 19 26	5 25 19 14	5 36 19 15	5 44 19 04	6 04 19 28
6 1	5 14 19 33	5 21 19 21	5 32 19 21	5 41 19 08	6 01 19 28
6 11	5 12 19 38	5 20 19 25	5 31 19 26	5 41 19 12	6 01 19 32
6 21	5 12 19 42	5 21 19 28	5 32 19 29	5 42 19 15	6 02 19 34

续表

日期	郑州	武汉	长沙	广州	南宁
月 日	时 分 时 分	时 分 时 分	时 分 时 分	时 分 时 分	时 分 时 分
7 1	5 16 19 43	5 24 19 30	5 35 19 30	5 45 19 17	6 05 19 36
7 11	5 21 19 41	5 28 19 28	5 39 19 29	5 49 19 16	6 09 19 35
7 21	5 27 19 36	5 34 19 25	5 44 19 25	5 53 19 14	6 13 19 33
8 1	5 35 19 28	5 40 19 18	5 50 19 19	5 58 19 09	6 18 19 28
8 11	5 42 19 18	5 47 19 09	5 56 19 11	6 02 19 03	6 22 19 22
8 21	5 50 19 07	5 53 18 59	6 01 19 02	6 05 18 55	6 25 19 14
9 1	5 58 18 53	5 59 18 46	6 07 18 50	6 09 18 45	6 29 19 04
9 11	6 05 18 39	6 05 18 34	6 12 18 39	6 12 18 35	6 32 18 55
9 21	6 12 18 24	6 10 18 21	6 16 18 27	6 15 18 25	6 35 18 54

续表

日期		郑州				武汉				长沙				广州				南宁			
月	日	时	分	时	分	时	分	时	分	时	分	时	分	时	分	时	分	时	分	时	分
10	1	6	20	18	10	6	16	18	09	6	21	18	15	6	19	18	15	6	38	18	35
10	11	6	27	17	57	6	22	17	57	6	27	18	04	6	22	18	05	6	42	18	25
10	21	6	36	17	44	6	29	17	46	6	33	17	54	6	26	17	57	6	46	18	17
11	1	6	46	17	32	6	37	17	35	6	40	17	44	6	32	17	49	6	51	18	09
11	11	6	55	17	24	6	45	17	28	6	47	17	38	6	38	17	44	6	57	18	04
11	21	7	05	17	18	6	54	17	23	6	55	17	34	6	44	17	41	7	04	18	01
12	1	7	14	17	15	7	02	17	21	7	03	17	32	6	51	17	41	7	10	18	01
12	11	7	22	17	15	7	10	17	22	7	10	17	33	6	58	17	43	7	17	18	03
12	21	7	29	17	18	7	16	17	26	7	16	17	37	7	03	17	47	7	23	18	07

日出日落时间表

日期	海口	重庆	成都	贵阳	昆明
月 日	时 分 时 分	时 分 时 分	时 分 时 分	时 分 时 分	时 分 时 分
1 1	7 14 18 10	7 49 18 05	8 01 18 13	7 42 18 12	7 54 18 31
1 11	7 16 18 17	7 49 18 13	8 02 18 21	7 43 18 19	7 56 18 38
1 21	7 16 18 24	7 51 18 21	8 01 18 30	7 42 18 27	7 56 18 46
2 1	7 14 18 30	7 44 18 31	7 56 18 40	7 39 18 36	7 52 18 54
2 11	7 10 18 34	7 36 18 38	7 48 18 48	7 33 18 43	7 47 19 01
2 21	7 05 18 38	7 28 18 45	7 39 18 56	7 25 18 49	7 39 19 07
3 1	6 59 18 43	7 20 18 52	7 31 19 02	7 18 18 54	7 32 19 11
3 11	6 51 18 46	7 08 18 58	7 19 19 09	7 07 19 00	7 23 19 16
3 21	6 42 18 50	6 56 19 05	7 07 19 16	6 57 19 05	7 13 19 21

续表

日期	海口	重庆	成都	贵阳	昆明
月 日	时 分 时 分	时 分 时 分	时 分 时 分	时 分 时 分	时 分 时 分
4 1	6 33 18 53	6 44 19 12	6 54 19 23	6 45 19 10	7 01 19 25
4 11	6 25 18 56	6 32 19 18	6 42 19 29	6 34 19 15	6 51 19 30
4 21	6 17 18 59	6 20 19 24	6 30 19 35	6 24 19 20	6 42 19 34
5 1	6 10 19 02	6 12 19 30	6 20 19 42	6 16 19 25	6 32 19 39
5 11	6 05 19 06	6 06 19 36	6 12 19 49	6 09 19 31	6 27 19 44
5 21	6 03 19 10	6 00 19 42	6 06 19 55	6 04 19 36	6 22 19 49
6 1	5 59 19 14	5 54 19 49	6 02 20 02	6 00 19 42	6 19 19 25
6 11	5 59 19 17	5 53 19 52	6 00 20 06	5 59 19 46	6 19 19 59
6 21	6 01 19 20	5 54 19 55	6 01 20 09	6 01 19 49	6 20 20 02

续表

日期	海口	重庆	成都	贵阳	昆明
月 日	时 分 时 分	时 分 时 分	时 分 时 分	时 分 时 分	时 分 时 分
7 1	6 03 19 22	5 57 19 58	6 04 20 11	6 03 19 50	6 23 20 03
7 11	6 06 19 22	6 02 19 57	6 09 20 09	6 07 19 50	6 27 20 02
7 21	6 10 19 19	6 07 19 50	6 14 20 05	6 12 19 47	6 31 20 00
8 1	6 14 19 16	6 13 19 47	6 21 19 59	6 18 19 41	6 36 19 54
8 11	6 17 19 09	6 19 19 31	6 27 19 50	6 23 19 34	6 41 19 47
8 21	6 20 19 02	6 25 19 23	6 33 19 40	6 28 19 25	6 45 19 39
9 1	6 23 18 55	6 31 19 17	6 40 19 27	6 33 19 14	6 50 19 28
9 11	6 25 18 46	6 37 19 05	6 46 19 15	6 37 19 03	6 53 19 18
9 21	6 27 18 37	6 42 18 53	6 51 19 02	6 41 18 51	6 57 19 07

续表

日期		海口				重庆				成都				贵阳				昆明			
月	日	时	分	时	分	时	分	时	分	时	分	时	分	时	分	时	分	时	分	时	分
10	1	6	29	18	28	6	47	18	41	6	57	18	50	6	45	18	40	7	01	18	56
10	11	6	31	18	20	6	54	18	30	7	03	18	38	6	55	18	30	7	05	18	46
10	21	6	36	18	12	7	01	18	19	7	10	18	27	6	56	18	20	7	10	18	37
11	1	6	40	18	05	7	07	18	08	7	18	18	16	7	02	18	11	7	16	18	29
11	11	6	45	18	01	7	15	18	01	7	26	18	09	7	09	18	05	7	23	18	23
11	21	6	51	18	00	7	23	17	56	7	35	18	04	7	17	18	01	7	30	18	20
12	1	6	57	17	58	7	31	17	55	7	43	18	02	7	24	18	00	7	37	18	19
12	11	7	04	18	02	7	39	17	59	7	51	18	03	7	31	18	02	7	44	18	21
12	21	7	09	18	04	7	47	17	59	7	57	18	07	7	37	18	05	7	50	18	25

日出日落时间表

日期	拉萨	西安	兰州	西宁	银川
月 日	时 分 时 分	时 分 时 分	时 分 时 分	时 分 时 分	时 分 时 分
1 1	8 51 19 08	7 51 17 45	8 15 18 01	8 25 18 07	8 12 17 45
1 11	8 52 19 15	7 51 17 54	8 15 18 09	8 25 18 16	8 12 17 54
1 21	8 51 19 24	7 49 18 03	8 12 18 19	8 22 18 26	8 09 18 04
2 1	8 46 19 33	7 42 18 14	8 05 18 31	8 15 18 38	8 01 18 17
2 11	8 39 19 42	7 34 18 24	7 56 18 41	8 05 18 48	7 51 18 28
2 21	8 30 19 49	7 24 18 33	7 45 18 51	7 54 18 59	7 39 18 39
3 1	8 22 19 55	7 14 18 40	7 35 18 59	7 44 19 07	7 28 18 48
3 11	8 11 20 02	7 01 18 49	7 21 19 08	7 30 19 16	7 13 18 58
3 21	7 59 20 08	6 48 18 56	7 07 19 16	7 15 19 25	6 58 19 07

续表

日期	拉萨	西安	兰州	西宁	银川
月 日	时 分 时 分	时 分 时 分	时 分 时 分	时 分 时 分	时 分 时 分
4 1	7 46 20 14	6 32 19 05	6 51 19 26	6 59 19 34	6 41 19 18
4 11	7 34 20 20	6 19 19 13	6 37 19 34	6 45 19 43	6 26 19 27
4 21	7 24 20 26	6 07 19 20	6 24 19 42	6 32 19 51	6 12 19 37
5 1	7 14 20 33	5 55 19 28	6 12 19 51	6 19 20 00	5 59 19 46
5 11	7 06 20 39	5 46 19 36	6 02 19 59	6 09 20 09	5 48 19 55
5 21	7 00 20 45	5 39 19 43	5 54 20 07	6 01 20 17	5 39 20 04
6 1	6 56 20 51	5 34 19 51	5 49 20 15	5 56 20 35	5 33 20 13
6 11	6 55 20 56	5 32 19 56	5 47 20 21	5 53 20 31	5 31 20 19
6 21	6 56 20 59	5 33 19 59	5 47 20 24	5 54 20 34	5 31 20 22

续表

日期	拉萨	西安	兰州	西宁	银川
月 日	时 分 时 分	时 分 时 分	时 分 时 分	时 分 时 分	时 分 时 分
7 1	6 59 21 00	5 33 20 00	5 51 20 25	5 57 20 35	5 34 20 23
7 11	7 03 20 59	5 41 19 58	5 56 20 23	6 03 20 33	5 40 20 20
7 21	7 09 20 56	5 47 19 54	6 02 20 18	6 09 20 28	5 47 20 15
8 1	7 15 20 49	5 55 19 46	6 11 20 09	6 18 20 19	5 56 20 06
8 11	7 21 20 41	6 02 19 36	6 19 19 59	6 26 19 09	6 05 19 54
8 21	7 27 20 31	6 09 19 25	6 27 19 47	6 34 19 56	6 14 19 42
9 1	7 33 20 19	6 17 19 11	6 35 19 32	6 43 19 41	6 24 19 26
9 11	7 38 20 07	6 24 18 57	6 43 19 18	6 51 19 27	6 33 19 10
9 21	7 43 19 54	6 31 18 43	6 51 19 03	6 59 18 12	6 41 18 54

续表

日期	拉萨	西安	兰州	西宁	银川
月 日	时 分 时 分	时 分 时 分	时 分 时 分	时 分 时 分	时 分 时 分
10 1	7 49 19 42	6 38 18 29	6 59 18 48	7 07 18 57	6 50 18 39
10 11	7 55 19 30	6 46 18 16	7 07 18 34	7 16 18 42	7 00 18 23
10 21	8 01 19 20	6 54 18 03	7 16 18 21	7 25 18 29	7 09 18 09
11 1	8 09 19 10	7 04 17 52	7 26 18 09	7 35 18 16	7 21 17 56
11 11	8 17 19 13	7 13 17 43	7 36 18 00	7 45 18 07	7 32 17 46
11 21	8 25 19 58	7 23 17 37	7 46 17 53	7 56 18 00	7 43 17 39
12 1	8 33 18 56	7 32 17 35	7 56 17 50	8 06 17 57	7 54 17 35
12 11	8 41 18 57	7 40 17 35	8 04 17 50	8 14 17 57	8 02 17 34
12 21	8 47 19 01	7 46 17 38	8 11 17 53	8 21 18 00	8 08 17 38

日出日落时间表

日期		乌鲁木齐				海拉尔				台北			
月	日	时	分	时	分	时	分	时	分	时	分	时	分
1	1	9	44	18	43	7	56	16	13	6	39	17	16
1	11	9	42	18	33	7	53	16	25	6	41	17	23
1	21	9	37	19	05	7	45	16	39	6	40	17	30
2	1	9	27	19	20	7	33	16	56	6	37	17	39
2	11	9	15	19	34	7	26	17	04	6	31	17	45
2	21	9	00	19	47	7	01	17	28	6	24	17	52
3	1	8	47	19	58	6	45	17	42	6	17	17	56
3	11	8	30	20	10	6	20	17	58	6	08	18	01
3	21	8	12	20	23	6	51	18	14	5	57	18	05
4	1	7	52	20	36	5	40	18	31	5	46	18	10
4	11	7	34	20	48	5	20	18	46	5	36	18	15
4	21	7	18	21	00	4	59	19	01	5	27	18	19
5	1	7	02	21	12	4	41	19	16	5	19	18	24
5	11	6	49	21	23	4	25	19	30	5	12	18	29
5	21	6	39	21	34	4	13	19	44	5	07	18	34
6	1	6	31	21	44	4	01	19	57	5	04	18	39
6	11	6	27	21	51	3	57	20	07	5	03	18	44
6	21	6	27	21	55	3	57	20	09	5	05	18	46

续表

日期		乌鲁木齐				海拉尔				台北			
月	日	时	分	时	分	时	分	时	分	时	分	时	分
7	1	6	31	21	55	4	00	20	10	5	07	18	48
7	11	6	37	21	52	4	08	20	10	5	11	18	47
7	21	6	46	21	45	4	19	20	01	5	16	18	44
8	1	6	58	21	33	4	32	19	43	5	21	18	39
8	11	7	09	21	20	4	46	19	28	5	26	18	32
8	21	7	20	21	05	5	00	19	07	5	30	18	24
9	1	7	32	20	46	5	16	18	46	5	34	18	13
9	11	7	44	20	28	5	30	18	27	5	38	18	03
9	21	7	55	20	10	5	45	17	53	5	42	17	52
10	1	8	06	19	51	6	00	17	42	5	46	17	41
10	11	8	18	19	34	6	14	17	22	5	50	17	31
10	21	8	31	19	17	6	30	17	02	5	55	17	22
11	1	8	45	19	01	6	48	16	42	6	01	17	14
11	11	8	58	18	48	7	04	16	27	6	08	17	08
11	21	9	11	18	39	7	19	16	13	6	15	17	05
12	1	9	23	18	34	7	34	16	06	6	22	17	04
12	11	9	33	18	32	7	44	16	04	6	29	17	06
12	21	9	40	18	35	7	52	16	06	6	34	17	09

附件九　信鸽查棚检验报告单

信鸽查棚检验报告单（32K）

所属协会：　　　　距离：　　　　鸽主签字：

姓名		会员证号			棚号		
地址					电话		
足环号		密码环号			比赛起止点		
性别		羽色		眼砂		名次	
复核情况：　年　月　日　时　分在距棚外　　米放飞后能准确飞回巢中							
复核后坐标点	经度				纬度		
暗章：		备注：			协会（章）		

查棚裁判员签字：①　　　　②　　　　年　月　日

附件十 信鸽竞翔成绩报告表

信鸽竞翔成绩报告表（A4）

比赛项目： 参赛羽数： 当日天气： 风向： 风力：
司放地点： 司放时间： 归巢时间： 司放地经纬度： 制表：

名次	姓名	棚号证号	足环号码	赛鸽资料	持鸽钟报到时间	归巢时间或持鸽	鸽棚经纬度	实际空距（千米）	飞行速度（米/分）	备注
1										
2										
3										
4										
5										
6										
7										
8										
9										
10										

裁判长： 记录裁判员： 委派裁判员：

附件十一　信鸽竞翔成绩汇总表

信鸽竞翔成绩汇总表（A4）

协会名称：　　　　　　比赛项目：
填表人姓名：　　　　　比赛日期：　　　　　制表：

名次	姓名	隶属协会	足环号码	赛鸽资料	司放地点	司放地经纬度	鸽棚经纬度	实际空距（千米）	司放时间	归巢时间或持鸽	飞行速度（米/分）
1											
2											
3											
4											
5											
6											
7											
8											
9											
10											

注：本表由各级协会自行填写，逐级上报。

总裁判长签字：　　　　记录长签字：　　　　协会盖章：

附件十二　国际鸽联奥林匹克鸽王品评标准

标准组

人们在谈到品评鸽时总是不屑一顾，认为品评鸽没有什么可炫耀的竞翔成绩。这可能是对的，但并不绝对。品评鸽在国际比赛中又称为标准鸽，所谓标准则意味着要达到一些看得见、摸得着的条件，对此国际鸽联有明确的要求。这些条件不是什么秘密，通过努力可以达到。一羽赛鸽要参加奥林匹克品评大会时，它必须具备这些条件。实际上，在我们的鸽棚里，接近竞翔“标准”而外表又漂亮的鸽子很少，我们需要努力去争取。选拔标准鸽就像选美一样，最重要的标准是赛鸽自身的因素。在比赛中所有鸽子均由 5 名中立的检察官进行裁判。他们完全独立地写出自己的评价，之后作出一个公正的决定。评判的最高分和最低分将被去掉，其他三人的评分相加即得最后名次。分数最高的将是获胜者。一个国家的 10 羽鸽子总分最高，那么，这个国家就是奥林匹克大会标准级团体冠军的获得者。

总则：

保证各协会赛鸽完全匿名；

奥运会组办协会负责核实成绩。

一、标准组评分法

序号	分类	检察官评分				
		1	2	3	4	5
1	总体印象、头部、眼睛及表现力（10 分）					
2	整体骨架、胸骨、尾骨（10 分）					
3	外形、稳定性、尾部（20 分）					
4	平衡、整体协调、肌肉（30 分）					
5	翅膀、尾部、羽毛质量（30 分）					
6	总分（100 分）					

并列情况下的操作程序：

（一）个人排名

1. 第 3、4、5 点相加，总分高者名次列前；
2. 第 5 点得分高者名次列前；
3. 第 4 点得分高者名次列前；
4. 第 3 点得分高者名次列前；
5. 根据裁判评估情况作出决定。

（二）协会排名

以雄性和雌性单鸽前 3 名的最好成绩决定排名。

二、运动组

资格：

A. 在 100 ~ 400 公里距离的比赛中获得 10 次奖励（总距离不得少于 2000 公里）。

B. 在 300 ~ 600 公里距离的比赛中获得 8 次奖励（总距离不得少于 3000 公里）。

C. 在距离至少为 500 公里的比赛中获得 6 次奖励（总距离不得少于 3500 公里）。

D.（全能）在总距离不少于 3000 公里的比赛中获得过 11 次奖励，其中：100 ~ 400 公里的比赛获奖3 ~ 5 次；300 ~ 600 公里的比赛获奖 2 ~ 6 次；500 公里以上距离的比赛获奖 1 ~ 3 次。

E.（马拉松）在距离至少为 700 公里的比赛中，每次比赛至少有 250 羽参赛鸽及 50 位会员参加，提供参评成绩的 4 次比赛总里程不少于 2800 公里。每次比赛录取名额为总参赛羽数的 20%。

F.（当年幼鸽）在一年度所获得的 3 次最好的比赛成绩中。比赛空距限定在 100 公里以上。每次比赛至少有 250 羽参赛鸽及 20 位会员参加。提供参评成绩的 3 次比赛总里程不少于 300 公里。每次比赛录取名额为总参赛羽数的 20%。

G.（当年一岁鸽）在一年度所获得的5次最好的比赛成绩中。比赛空距限定在100公里以上。每次比赛至少有250羽参赛鸽及20位会员参加。提供参评成绩的3次比赛总里程不少于500公里。每次比赛录取名额为总参赛羽数的20%。

H.（当年成鸽短距离）在一年度所获得的6次最好的比赛成绩中。比赛空距限定在300公里以上。每次比赛至少有250羽参赛鸽及20位会员参加。提供参评成绩的3次比赛总里程不少于1800公里。每次比赛录取名额为总参赛羽数的20%。

I.（当年成鸽场距离）在一年度所获得的3次最好的比赛成绩中。比赛空距限定在500公里以上。每次比赛至少有250羽参赛鸽及20位会员参加。提供参评成绩的3次比赛总里程不少于1800公里。每次比赛录取名额为总参赛羽数的20%。

注1：A–E组别参赛和获奖时间必须在连续的两年内。

注2：F–I组别参赛和获奖时间在一年内。

计算公式：

$$得分=\frac{获得的名次\times 1000}{参赛鸽总数（最多5000羽）}$$

注：加在一起最多不能超过5000羽鸽子，以得分少者名次列前。

附表：

级别	距离	比赛获奖次数	总计公里	有效成绩（比例）
A	100～400 公里	10	2000	1/5
B	300～600 公里	8	3000	1/5
C	500 公里以上	6	3500	1/5
D 全能	100～400 公里 300～600 公里 500 公里以上	11　3～5 2～6 1～3	3000	1/5
E	700 公里以上	4	2800	1/5
F	100 公里以上	3	300	1/5
G	100 公里以上	5	500	1/5
H	300 公里以上	6	1800	1/5
I	500 公里以上	3	1800	1/5

注：每个会员协会最多可参加 12 羽赛鸽（自由选择参加 A、B、C、D、E、F、G、H、I 级别和雌、雄组别）。

附件十三　中国信鸽公棚竞赛管理规定

中鸽协字〔2018〕23号

第一章　总则

第一条　为规范信鸽公棚竞赛活动，促进信鸽运动健康、有序发展，根据《中华人民共和国体育法》《信鸽活动管理办法》《中国信鸽竞赛规则（2015）》（以下简称规则），制定本规定。

第二条　本规定所称信鸽公棚竞赛（以下简称公棚赛）是指符合《规则》中举办公棚赛资格和条件的单位举办的公棚信鸽竞赛活动。公棚赛属体育竞赛项目，符合国家相关政策。举办公棚赛的单位（以下简称办赛单位）应遵照本规定执行。

第三条　办赛单位应具备《规则》第四十一条规定的资格和条件（附件1）。

第四条　举办公棚竞赛活动，应当按照比赛分级、分类和属地管理原则，向相应的信鸽协会申请竞赛裁判。

第五条　公棚竞赛遵循公平、公正、公开的原则。

第二章　申办程序及竞赛报名

第六条　在本省范围举办公棚竞赛活动的，应向所在地省级信鸽协会提出竞赛裁判申请；跨省或经批准冠名

“国家、全国、国际”的公棚竞赛活动，须向中国信鸽协会提出竞赛裁判申请。

第七条 申请竞赛裁判应当提交以下材料：

（一）《信鸽公棚竞赛裁判申请书》（附件 2）；

（二）法人资格证明（复印件）；

（三）比赛场所的土地、房屋（棚舍）所有权或使用权证明复印件（加盖公章）；

（四）竞赛规程草案（纸质及电子文档）；

（五）《公棚竞赛履约保证书》（附件 3）；

（六）《公棚竞赛裁判员执裁申请表》（附件 4）；

（七）协会、办赛单位、银行三方签署的《公棚竞赛风险保证金协议》（附件 5）。

第八条 制定竞赛规程须符合《规则》规定，并对参赛会员实名注册、比赛规模、参赛费收取、奖金及发放、比赛方法、收费站训放、设有名次和奖项比赛的赛距，以及训、赛站（预赛、决赛、关赛、团体、鸽王）项目内容和训放、比赛时裁判执裁等内容进行规定。

第九条 办赛单位须根据自身条件、经济能力和市场规律设定比赛规模、参赛费收取标准和奖金总额。设定的奖金总额须符合中国信鸽协会公棚竞赛奖金数额设定标准（附件 6）。

办赛单位申请竞赛裁判时，须将规程中规定比赛奖金总额 50%的保证金存入监赛信鸽协会指定的银行账户（存款利息为办赛单位所有）。

第十条 信鸽协会自接受申请材料之日起，应当于 15

个工作日内完成审核。

审核合格的，信鸽协会向办赛单位出具《公棚竞赛风险保证金存款证明》（附件 7），并与提出申请的办赛单位签署裁判协议，向中国信鸽协会报备。中国信鸽协会将有关信息在官方网站上公示。

第十一条　办赛单位应当按照裁判协议，向协会一次性支付竞赛裁判服务费（含协会专业技术指导费、执裁人员津贴和差旅费、裁判耗材等相关费用）和促进信鸽运动发展资金。

第十二条　申请材料经信鸽协会审核通过后不得临时修改。确需修改的，由办赛单位向信鸽协会提交申请。

第十三条　办赛单位的会员参赛数据与信息确认后，由办赛单位上传至中国信鸽协会官方网站进行公示。

第十四条　报名信息包含参赛人员真实姓名、信鸽足环号等相应信息。

第十五条　中国信鸽协会官方网站为办赛单位提供赛事服务及信息展示空间。

第三章　竞赛举办

第十六条　办赛单位应在训放（收费站）、比赛举办前至少一周，向信鸽协会提出执裁申请。

竞赛期间如出现规则所述“不适合比赛天气”或其他特殊情形（如参赛鸽发生大面积疾病、办赛单位所在地区限制信鸽飞行等），办赛单位可以向信鸽协会提出推迟训放、比赛请求，信鸽协会根据具体情况决定是否推迟训放、比赛。

第十七条 信鸽协会按照与办赛单位签署的裁判协议和规程要求，根据比赛规模和参赛鸽数量制定执裁计划，组织委派相应数量的裁判员执行裁判工作。

第十八条 办赛单位应当在信鸽协会委派的裁判员监督指导下，按照《规则》、本规定和竞赛规程要求开展比赛、发布成绩和对参赛鸽进行相应处理。

第十九条 裁判员应当按照《规则》和规程要求，把控训放、比赛空距。

办赛单位应在裁判员监督下，采用现代科技手段，反映和发布比赛情况。

第二十条 因疫情、灾害等不可抗力因素，以及涉及政府规划、征地、拆违等重大公共利益需要，不能继续比赛时，信鸽协会和办赛单位应当积极响应。办赛单位可视情形向监赛协会申请暂停公棚竞赛活动，经批准同意后，通过中国信鸽协会官方网站发布公告。

第四章　器材和设施

第二十一条 公棚竞赛应当使用符合中国信鸽协会所制定团体标准的测距和计时工具。为防止比赛作弊，用于公棚竞赛的比赛鸽电子足环应使用可读写式的电子标记芯片。

第二十二条 为保证比赛正常采集数据，办赛单位应在需要计时的训放、比赛时配置应急备用电源。

第二十三条 办赛单位应配合中国信鸽协会官方网站对比赛数据进行公开展现，并在比赛现场设置可实时显示比赛数据的显示屏幕，供观赛者查阅比赛成绩。

第二十四条 训放、比赛集鸽时，集鸽区域（含赛鸽入笼区域）必须设置全方位、无死角，且具备拍摄的影像存储时间达到一周以上的监控设备。

第二十五条 报到期为比赛司放当日以上的竞赛，应当在集鸽时为赛鸽加贴遮盖赛鸽足环号码的防揭（易碎）贴条。防揭贴条应由信鸽协会置备、执裁裁判员张贴。

第五章 赛事成绩公布及上报

第二十六条 比赛成绩按照《规则》第三十五条规定，须由裁判长签字确认生效。

第二十七条 比赛结束后，办赛单位和裁判长应及时通过中国信鸽协会官方网站向参赛者公布比赛成绩，中国信鸽协会官方网站上公布的比赛成绩为比赛最终结果。

第六章 奖金发放和管理

第二十八条 比赛结束，裁判员裁定比赛成绩后，办赛单位应当按照规程规定，及时、如数向获奖者发放奖金。

第二十九条 比赛成绩确认后，信鸽协会应及时通知签约银行对保证金予以解冻，由公棚提取。

第七章　处罚与奖励

第三十条　公棚有下列情形之一的，信鸽协会视情节轻重分别给予批评、教育、警告、责令整改停赛的处罚。情节严重的将列为失信对象，在 CRPA 网站予以公示并终止申请裁判资格。涉嫌违法犯罪的，报公安机关依法追究其法律责任。

（一）竞赛中弄虚作假、循私舞弊的；

（二）违反规程，未及时公布赛鸽信息或擅自更改、删除赛鸽数据信息的；

（三）以各种形式的协议鸽方式参赛，侵犯参赛会员利益的；

（四）拒不配合信鸽协会对竞赛及相关环节例行检查的；

（五）不依照相关法律法规实施卫生防疫，隐瞒、漏报、谎报信鸽疫情信息的；

（六）不遵照规则、规程约定承担责任与义务的；

（七）进行虚假、误导性宣传的；

（八）不配合裁判执裁，妨碍、干扰裁判履行职责的；

（九）随意改变竞赛名称，或擅自冠以国际、全国、中国等名称的；

（十）违反“实名制”注册参赛规定的；

（十一）允许已经丧失比赛资格的鸽子转由第三方认购继续参赛的；

（十二）姑息纵容佩戴伪造足环鸽入棚参赛，或发现重号足环、疑似仿冒足环而并未启动检测手段予以甄别与排除，接到投诉而不对涉伪足环鸽进行赛中、赛后检测排除的。

第三十一条 中国信鸽协会和省、市、自治区级信鸽协会每年对所执行竞赛裁判的公棚进行竞赛和诚信评估考核及表彰。具体办法由中国信鸽协会制定。

第八章 附则

第三十二条 各级信鸽协会可以依照本规定，结合当地实际，制定实施办法。

第三十三条 本规定自公布之日起施行。

中国信鸽协会

2018 年 5 月 30 日

附件1 《中国信鸽竞赛规则》第四十一条 举办公棚赛的资格和条件

1. 具有独立法人资质和相应民事责任承担能力。

2. 有各级主管部门批准的举办信鸽比赛的资格。

3. 是各级信鸽协会的团体会员。

4. 具备与所办比赛规模相应的场地、鸽舍建筑、器材、从业人员等条件。

5. 举办比赛的场地符合国家有关环保、卫生、防疫、航空、国家安全等法律法规的规定。

附件2 信鸽公棚竞赛裁判申请书

________________协会：

为促进信鸽公棚竞赛活动健康、规范、有序发展，强化信鸽组织及其裁判团队对本公棚竞赛活动的监督与管理，确保本公棚竞赛在公平、公正、公开的环境下顺利实施，本公棚________年度举办的信鸽公棚竞赛活动，自愿接受竞赛监管，严格遵守《信鸽活动管理办法》《中国信鸽竞赛规则（2015）》《中国信鸽公棚竞赛管理规定》等各项规定，接受并无条件配合贵协会及裁判团队的监督与管理，坚决服从裁判员的临场调度与裁决。

现将申请资料报上，请贵协会核准并派遣裁判。

（公棚章）

年　　月　　日

附件3 公棚竞赛履约保证书

________________协会：

为促进本地区信鸽活动的开展，规范公棚竞赛行为，营造公平、公正的竞赛环境，本公棚对举办20___年信鸽公棚竞赛活动作出如下承诺与保证：

一、在履行本届信鸽公棚竞赛过程中，严格执行《中国信鸽竞赛规则（2015）》《中国信鸽公棚竞赛管理规定》等各项规定。

二、本公棚将无条件地依照贵协会及裁判团队对本公棚竞赛成绩的裁定执行，同时，将《规程》约定的奖项、奖金额度足额兑现。

三、本公棚是具有完全独立民事责任的法人主体。公棚竞赛活动中，若出现纠纷以及诉讼，本公棚将独自承担相应的法律责任。

四、本公棚依照国家法律法规履行纳税义务。

（公棚章）

年　　月　　日

附件4　公棚竞赛裁判员执裁申请表

举办活动名称：		
目的：		
主办单位：	联系人：	电话：
承办单位：	联系人：	电话：
协办单位：	联系人：	电话：
举办时间、地点：		
活动规模（预计人数、鸽子数）：		
拟邀请国家、地区及人数：		
赛鸽来源：		
属地信鸽协会意见：		
省级信鸽协会意见： 年　月　日(章)	省级信鸽项目部门意见： 年　月　日(章)	中国信鸽协会意见： 年　月　日(章)

附件5　公棚竞赛风险保证金协议

甲方：__________________协会

乙方：__________________

依照《中国信鸽公棚竞赛管理规定》，为确保公棚竞赛活动履行规程，维护参赛会员的合法利益，提高公棚竞赛活动的公信力及执行力，经双方协商达成本协议。

1. 乙方自愿将__________年度举办公棚竞赛的保证金__________元存入甲方指定的银行账号（此款项由甲方授权方可支取）。遇重大争议时，甲方有权对该保证金依照规程约定予以处置。

2. 经协会裁定比赛成绩后，其保证金（含利息）由乙方支取，依比赛成绩和规程规定的奖金额度如期发放。

3. 甲方自确认保证金入账之日起，向乙方出具《公棚竞赛风险保证金存款证明》，同时启动申报程序予以公示。

4. 乙方必须依照报备的竞赛规程履行责任和义务。

5. 未尽事宜，由双方协商解决。

6. 甲方不承担因银行破产而导致的经济风险。

7. 本协议一式三份，双方各执一份，另一份由签约银行收执。申报举办国家级信鸽公棚竞赛（含世排赛）的，须增加一份。

甲方负责人签字：　　　　　　乙方负责人签字：

（公章）　　　　　　　　　　　（公章）

银行负责人签字：________________

（公章）

年　　月　　日

附件6　中国信鸽协会公棚竞赛奖金数额设定标准

一、上一年度经中国信鸽协会和省级信鸽协会评估考核，认定其具备承担五百万及以上经济风险能力的公棚，可以举办五百万及以上数额奖金的公棚赛。

二、上一年度经中国信鸽协会和省级信鸽协会评估考核，认定其具备承担五百万以下及相应数额经济风险能力的公棚，可以举办五百万以下及相应数额奖金的公棚赛。

三、公棚制定规程时，设定的奖金总额不得高于单羽参赛鸽参赛费的4500倍。具备饲养12000羽饲养规模鸽舍条件，上一年度经中国信鸽协会和省级信鸽协会评估考核，具备承担相应经济风险能力的可以适当增加，但设定的奖金总额不得高于单羽参赛鸽参赛费的5000倍。

附件7　公棚竞赛风险保证金存款证明

依据《中国信鸽公棚竞赛管理规定》，为确保公棚竞赛活动履行规程，维护参赛会员的合法利益，提高公棚的公信力，本着对信鸽竞赛举办单位与参赛会员双方高度负责的态度，切实保障参赛者的合法权益，经申办公棚自愿提出请求，公棚履行了预存风险保证金程序，并做出承诺，将严格执行《中国信鸽竞赛规则（2015）》《中国信鸽公棚竞赛管理规定》，无条件地服从协会及裁判团队对其比赛成绩的裁定，严格依照规程约定的奖金额度兑现奖金。现证明如下：

兹收到 ________________________________ 20_____ 年公棚竞赛所设定奖金总额的 ______%共计 ____________ 元。特此证明。

公棚交款人签字：

协会主管会计签字：

协会领导签字：

××信鸽协会

年　月　日

附件十四　信鸽活动管理办法

社体字〔2001〕5号

第一章　总则

第一条　为加强对我国信鸽活动的管理，推动信鸽活动健康有序发展，根据《中华人民共和国体育法》及国家有关法律法规，制定本办法。

第二条　本办法适用于在中国境内开展的信鸽活动。

第三条　国家体育总局社会体育指导中心主管全国信鸽活动，委托中国信鸽协会负责组织实施。

第四条　地方各级体育行政部门（含人民政府授权管理体育工作的机构，下同）对本行政区域内信鸽活动进行管理。

第五条　一个行政区域只能申报成立一个信鸽协会（包括省级、市级和区县级），未经体育和民政部门批准，任何单位和个人不得擅自成立信鸽活动社团组织。

第六条　各级体育行政部门应当关心、支持信鸽活动，为信鸽协会及其会员训养赛鸽和开展各项活动创造必要条件。

第二章　信鸽竞赛和活动

第七条　代表中国参加国际性信鸽竞赛活动，必须由国家体育总局社会体育指导中心统一组织，由中国信鸽协会负责实施。

第八条　在中国境内举办的全国性、国际性（含台、港、澳地区）信鸽竞赛活动（包括公棚赛），必须报国家体育总局批准。未经批准，不得以“全国”“中国”或“国际”冠名举办比赛活动。

第九条　跨省、市举办的信鸽竞赛活动必须向举办地体育行政部门申请，由举办地体育行政部门负责审批和管理。

第十条　各省、自治区、直辖市在本行政区域内举办的信鸽竞赛活动，由相应的地方体育行政部门自行审批管理。

第十一条　凡举办以收取参赛费形式筹集奖金的信鸽比赛，其奖金支出比例不得低于收取参赛费总和的30%。

第十二条　举办信鸽展示和拍卖活动，必须经当地信鸽协会同意并报当地体育行政部门批准。

第十三条　举办全国性和国际性信鸽展示会和拍卖会，必须经所在地区省级体育行政部门报国家体育总局批准，由持有公安部门批准的特行许可证的拍卖组织进行拍卖。

第十四条　举办信鸽竞赛活动的收入和所得奖金必须依法纳税。

第三章　裁判员

第十五条　裁判员必须接受所在地体育行政部门及所

属信鸽协会的领导和监督，严格遵守裁判纪律。

第十六条 未经中国信鸽协会和所属信鸽协会的选派，裁判员不得擅自参加信鸽比赛的裁判工作。

第十七条 除中国信鸽协会举办的国际性和全国性比赛之外，举办信鸽竞赛需借调国家级裁判员的，必须经中国信鸽协会批准，由协会统一选派。

第十八条 负责具体组织竞赛工作的竞赛委员会应当在比赛前审核裁判员证书的注册和登记情况，如不符合规定，竞赛委员会应立即停止其裁判工作。

第十九条 未经相应一级信鸽协会批准，连续两年未担任裁判工作和参加学习培训、考核的裁判员，撤消其裁判员等级称号。

第二十条 凡参加市级以上比赛，赛区裁判长应负责填写裁判员工作手册，内容包括裁判员工作职务和鉴定并签字或盖章。

第二十一条 受到赛区处分的裁判员，由该次比赛的裁判长在该裁判员证书内注明。

第四章 经营性组织

第二十二条 经营性组织是指以种鸽棚、赛鸽棚、俱乐部、中心、基地及其他名称命名的、以经营为目的的信鸽组织。

未经相应一级体育行政部门批准，上述组织不得以“世界、国际、中国、中华、全国、省（区、市）”等冠名。

第二十三条 地方各级信鸽协会在各自的职责范围内对信鸽经营性组织进行管理、监督和业务指导。

第二十四条 中国信鸽协会负责对信鸽公棚（包括中心、基地）和经营性组织进行等级评定，负责对信鸽项目从业人员（包括教练员和管理人员）的资格认证和具体管理。

第五章 器材和装备

第二十五条 中国信鸽协会统一定制信鸽足环、足环证、奖状及归巢证，并逐级下发，其他单位和个人不得仿制和销售。

第二十六条 中国信鸽协会负责赛鸽专用计时钟的鉴定、审批和使用，未经中国信鸽协会批准认可的鸽钟不允许在比赛中使用。

第二十七条 空距测量仪器GPS和竞赛应用软件由中国信鸽协会指定。

第六章 对外交流

第二十八条 未经中国信鸽协会批准，任何单位和个人不得擅自与境外的信鸽组织进行联系，组队出访、参加比赛活动。

第二十九条 不允许以中国信鸽协会名义对外进行招商和从事商业活动。

第三十条 与境外友好城市开展的双边竞赛及交流活动，必须报所在地区体育和外事部门批准后方可实施。

第七章 新闻及广告

第三十一条 未经新闻出版部门批准，任何单位和个人不得擅自出版和发行信鸽专业期刊杂志。

第三十二条 用于本协会内部指导工作、交流信息的“内部资料”不得收工本费，不得刊登广告，不得在社会上发行。

第三十三条 发布和刊登与信鸽相关的广告，必须提供真实、合法、有效的证明文件。涉及竞赛和赛鸽成绩的广告，必须有县级以上信鸽协会证明、竞翔成绩单、获奖证书等。

第三十四条 刊登下列广告和内容必须经中国信鸽协会批准：

（一）信鸽展示会、拍卖会的广告；

（二）信鸽竞翔专用计时设备（鸽钟）广告；

（三）公棚赛、俱乐部比赛规程、信息、成绩；

（四）个人简历和专访广告；

（五）港澳台地区信鸽组织、人物介绍及其他新闻报道；

（六）其他应经中国信鸽协会批准的内容。

第三十五条 刊登广告的企业或个人须填写广告登记表并承担法律责任。

第三十六条 举办信鸽竞赛和其他活动的广告内容必须真实、健康，不得误导、欺骗参赛者和协会会员。

第八章 卫生和检疫

第三十七条 信鸽协会和会员要自觉做好信鸽驯养卫生和检疫工作，经常清扫鸽舍、定期做防疫清洗和消毒、定时驯放赛鸽、定期接种疫苗。

第三十八条 搭建鸽舍、鸽棚要按照市政规划和信鸽协会的规定。

第三十九条 引进和输出信鸽，必须到国家动植物检疫部门办理手续。

第九章 奖励与处罚

第四十条 对信鸽事业有突出贡献的协会、单位和个人，由中国信鸽协会报请国家体育总局给予表彰和奖励。

第四十一条 从事信鸽活动的经营性组织违反规定，有下列情形之一的，各级信鸽协会可以根据情节轻重分别予以警告、通报批评和依法取缔比赛、取消其会员资格的处罚。

（一）未经体育行政部门批准，从事信鸽竞赛及活动；

（二）从事与章程载明的宗旨和目的不一致的活动；

（三）以举办比赛及活动名义牟取暴利，弄虚作假，损害会员利益；

（四）从事非法经营活动，扰乱信鸽活动正常秩序。

第四十二条 裁判员违反规定，有下列情形之一的，各级信鸽协会可以根据情节轻重分别给予警告，取消该次比赛裁判资格，停止裁判工作两年，撤消裁判技术等级称号并停止终身裁判工作。

（一）未经批准擅自参加比赛的裁判工作；

（二）在赛区工作期间不遵守纪律、执法不公、妨碍公正执法；

（三）在比赛执裁中有明显错误，造成不良影响。

对临场裁判员的处罚由竞赛委员会根据当时情况决定。停止裁判工作两年、撤消裁判技术等级称号并终身停止裁判工作的处罚，由竞赛委员会报该裁判员审批单位批准，由审批单位发出通报。

第四十三条 从事信鸽活动的单位和个人违反规定有下列情形之一的，各级信鸽协会可以视情节轻重分别给予取消比赛成绩、警告、通报批评及取消其会员资格的处罚。

（一）发布和刊登未经批准和无有效证明文件的广告；

（二）未经批准擅自参加在国外举办的信鸽比赛和活动；

（三）未经批准擅自定制和使用特比环及协会其他用环。

第十章 附则

第四十四条 各级信鸽协会可以依据本办法制定相应的管理办法。

第四十五条 本办法实施前已从事信鸽活动的单位和个人，应在本办法颁布之日起一年内到相应一级体育行政部门和信鸽协会补办手续。

第四十六条 本办法自颁布之日起执行。

国家体育总局办公厅

2001年2月6日

附件十五　信鸽活动管理办法实施细则

第一章　总则

第一条　为加强对我国信鸽运动的管理，推动信鸽运动健康有序地发展，根据《中华人民共和国体育法》《信鸽活动管理办法》及国家有关法律法规，制定本细则。

第二条　国家体育总局社会体育指导中心主管全国的信鸽活动，由中国信鸽协会负责组织实施管理。

中国信鸽协会是代表中国参加相应的国际体育组织及国际信鸽活动的唯一合法组织。

第三条　信鸽运动是国家体育总局正式批准开展的体育项目，属社会体育范畴。

第四条　地方各级体育行政部门（含人民政府授权管理体育工作的机构，下同）对本行政区域内信鸽活动进行管理。地方各级信鸽协会负责组织实施。

第五条　行业信鸽协会须按照本协会章程在所管辖的范围内开展工作。

第六条　未经体育和民政部门批准，任何单位和个人不得擅自成立信鸽运动社团组织，一个行政区只能有一个信鸽协会。

第七条　凡在中国境内举办的信鸽活动，必须遵照本办法。

第二章　竞赛及活动

第八条　代表中国参加国际性信鸽竞赛活动，必须由国家体育总局社会体育指导中心统一组织，由中国信鸽协会具体实施。

第九条　在中国境内举办的全国性、国际性（含台、港、澳地区）信鸽竞赛活动（包括公棚赛），必须报国家体育总局批准。

第十条　举办跨省、市信鸽公棚赛，必须向省级体育行政部门申请，由省级体育行政部门和省级信鸽协会负责审批、监督和管理。

第十一条　各省、自治区、直辖市在本行政区域内举办的常规信鸽竞赛活动，由地方体育行政部门和省级协会审批、管理。

第十二条　任何单位和个人未经体育行政管理部门和信鸽协会批准，不得擅自举办信鸽竞赛活动。

（一）涉外和全国性信鸽比赛（包括全国性、国际性公棚赛）必须提前6个月（按集鸽日期计算）向国家体育总局申请。

（二）其他竞赛活动必须提前两个月报相应一级体育行政部门和信鸽协会批准。

第十三条　申请举办信鸽竞赛的单位或个人，必须具备下列条件：

（一）能够独立承担民事责任。

（二）有与竞赛规模相当的组织机构和管理人员以及相适应的设施和经费。

（三）有具体的竞赛规程和比赛组织实施方案。

（四）法律、法规以及协会规定的其他条件。

第十四条 申请举办信鸽竞赛活动须提交下列材料：

（一）竞赛规程，其中必须包括竞赛项目、时间和地点，参赛单位、竞赛办法和竞赛规则，以及奖励办法等。

（二）举办单位法人签署的竞赛申请书。

（三）举办地信鸽协会审批的文件。

（四）举办竞赛所需的场地器材、通讯设备、管理人员情况等材料。

第十五条 申请举办全国性、国际性比赛（包括公棚赛）的单位和个人要根据比赛规模交纳奖金总额的50%的保证金，保证金在履行比赛协议条款后退还。

第十六条 审批单位须在一个月内对上报的竞赛活动作出批复。

第十七条 信鸽竞赛的名称必须与竞赛的实际内容相一致，不得弄虚作假，未经国家体育总局批准，比赛不得冠以“世界”“国际”“中国”“全国”“中华”或同义名称。

第十八条 以收取参赛费形式筹集奖金的公棚，其奖金支出比例不得低于收取参赛费总和的30%。

第十九条 承办信鸽竞赛活动的单位和个人要依法接受体育行政部门的监督检查，其广告、赞助、资金、物品的管理和使用应当严格执行国家有关规定，并自觉接受审计、税务等部门的管理和监督。

第二十条 中国信鸽协会有权委托审计部门对举办竞赛活动的单位竞赛经费收支情况进行审计。

第二十一条 不得接收佩戴台湾信鸽组织发行的CRPA足环的台鸽参加国内信鸽活动，违者按违反国家对台方针处之。

第三章 裁判员

第二十二条 信鸽裁判员必须接受体育行政部门及所属协会的领导和监督，严格遵守裁判纪律，在所属协会的统一管理下参加裁判工作，并有义务对下一等级裁判员进行培训。

第二十三条 一级以上裁判员（含一级）必须积极参加所属协会组织的裁判工作和活动，否则所属协会有权建议上级协会和业务主管部门不再对其选派任务。

第二十四条 全国性和国际性比赛的正副裁判长和骨干裁判员由中国信鸽协会直接选派，省级比赛（包括国家赛地方裁判员）委托各省（区、市）、行业协会选派。

第二十五条 未经中国信鸽协会和所属协会的选派，裁判员不得擅自参加信鸽比赛的裁判工作，无权接受比赛组织工作。否则将根据体育竞赛裁判员管理条例予以处罚，处罚分为：警告、通报批评、停止裁判工作、降低等级称号、撤消等级称号等。

第二十六条 各基层协会应制定本地区裁判工作培训、使用计划，对所管理的裁判员的政治表现和业务能力定期进行考核、评定，对表现优秀、工作成绩显著者，应给予表扬、奖励或推荐参加晋级考试。

第二十七条 未经相应一级协会批准连续两年未担任裁判工作和参加学习培训、考核的裁判员，撤销其等级称号。国家级裁判员由中国信鸽协会报国家体育总局批准撤消；一级裁判员由省级协会报省级体委批准撤销。

第二十八条 每偶数年的 12 月 1 日至次年 1 月 31 日为信鸽国家级裁判员注册期。裁判员必须到中国信鸽协会秘书处进行注册，每人交纳注册费 50 元。一级以下裁判员由各级体育行政部门或授权的单位进行注册，并报上一级协会备案。

第二十九条 对触犯刑律的违法违纪者应立即除名并撤销其等级称号。对在社会上或本职工作中表现不好、道德败坏者，撤销其等级称号。

第三十条 国家级比赛裁判长须对本赛区工作写出书面总结，比赛结束后一周内交中国信鸽协会存档。

第三十一条 建立裁判员工作手册登记制度。工作手册由裁判员本人保管。凡参加市级以上比赛，赛区裁判长应负责填写裁判员工作手册，内容包括裁判员工作职务和鉴定并签字或盖章。

第三十二条 选派裁判员参加全国性比赛的费用由赛会负担。

第四章　对外交流

第三十三条　严格执行国家体育行政部门对外交流有关规定。

第三十四条　地方组队参加国际比赛活动，必须报国家体育总局批准后方可实施。

第三十五条　任何单位和个人未经中国信鸽协会同意，不得擅自与境外的信鸽组织发生联系，也不允许邀请他们来华访问或从事商业活动。

第三十六条　任何单位和个人不允许擅自与境外信鸽组织联系组队出访、参加比赛和进行对外交流活动。

第三十七条　不得擅自以中国信鸽协会名义对外进行招商和从事商业活动，违者将以欺诈行为依法追究其责任。

第三十八条　与境外友好城市开展的双边信鸽竞赛及交流活动，必须报所在地区体育和外事部门批准后方可实施。

第三十九条　合资企业、公司或因私办理出入境活动的单位和个人，按国家有关规定执行。

第五章　新闻及广告

第四十条　严格遵守中华人民共和国新闻出版法，未经新闻出版部门批准，任何单位和个人不得出版和发行信鸽专业期刊杂志。

第四十一条 各级信鸽协会自办内部发行的信鸽杂志，应遵守国家新闻出版署对内部刊物的有关管理规定。

第四十二条 用于协会、本系统内部指导工作，交流信息的“内部资料”不得收工本费，不得刊登广告，不得在社会上发行。

第四十三条 发布和刊登与信鸽相关的广告，必须符合《中华人民共和国广告法》和其他有关法律、行政法规的规定。

第四十四条 刊登信鸽相关的广告，必须提供真实、合法、有效的证明文件。涉及赛鸽成绩的广告，必须有相应一级信鸽协会竞翔成绩单、证明、获奖证书等。

第四十五条 信鸽专业期刊杂志不允许刊登无成绩证明和血统证明的“绩优”鸽广告。

第四十六条 信鸽专业期刊杂志不得擅自刊登未经相应一级协会批准举办的信鸽竞赛消息、成绩。

第四十七条 未经中国信鸽协会批准，信鸽专业期刊不允许刊登下列广告：

（一）信鸽展示会、拍卖会的广告；

（二）信鸽竞翔专用计时设备（鸽钟）广告；

（三）公棚赛、俱乐部比赛规程、信息、成绩。

第四十八条 未经中国信鸽协会批准，不允许刊登港澳台地区信鸽组织和有关人员介绍及其他新闻报道。

第四十九条 未经中国信鸽协会批准，广告的文字信息介绍不允许使用“世界”“国际”“全国”“中

国”“中华”等名称。广告用语禁止使用形容词的最高级别。

第五十条 以个人名义刊登的广告除标明鸽棚名称外，必须注明鸽主姓名。

第五十一条 以企业名义刊登广告，其内容必须与执照业务范围一致。

第五十二条 刊登期刊、书籍、音像制品等广告必须提供新闻出版部门批准的文件、刊号、书号等证明文件。

第五十三条 申请刊登信鸽药品广告，必须提交下列证明文件：

（一）生产、药检和销售许可等证明文件。

（二）刊登境外生产的药品广告还需提供进口药品注册证书及销售许可证。

第五十四条 广告应真实合法，不得含有虚假内容，不得欺骗和误导消费者。

第五十五条 刊登广告的企业或个人必须承担其广告的法律责任。

第五十六条 申请参与信鸽活动的广告经营单位或其他中介组织，须符合国家规定的从业条件并与信鸽活动的主办者签订承办协议后方可对外开展有关业务。

第五十七条 信鸽活动中的广告赞助行为不得与中国信鸽协会指定赞助商的广告权益发生冲突，其收入的管理和使用应符合国家的有关规定，并自觉接受审计部门的监督。

第六章　经营性组织

第五十八条　经营性组织是指种鸽棚、赛鸽棚、俱乐部、中心、基地以及其他名称的以经营为目的的信鸽组织。

未经批准，上述组织不得以“国际、中国、中华、全国、省（区、市）”等冠名。

第五十九条　信鸽经营性组织所开展的活动，要遵守国家法律、法规和行业规定，接受当地体育、工商、税务、公安等部门的管理和监督。

第六十条　各级信鸽协会协助相应的政府职能部门对信鸽经营性组织进行管理、监督和业务指导。

第六十一条　信鸽经营性组织必须到所在地区体育行政管理部门和信鸽协会办理注册登记手续，否则不允许申办信鸽竞赛活动。

第六十二条　凡违反规定有下列情况之一的，各级协会可根据其情节轻重分别予以警告、罚款、撤销和依法取缔比赛活动的处罚。

（一）未经体育行政部门批准从事信鸽竞赛及活动；

（二）从事与载明的宗旨和目的不一致的活动；

（三）在举办的竞赛活动中弄虚作假，损害会员利益；

（四）从事非法经营活动，扰乱信鸽活动正常秩序。

第六十三条　中国信鸽协会负责实施对信鸽公棚（包括中心、基地）的等级评定，负责实施对信鸽项目从业人员（包括教练员和管理人员）的资格认证管理（具体办法另行制定）。地方各级信鸽协会在各自职责范围内对上述组织和人员实行管理。

第七章　市场活动

第六十四条　任何单位和个人举办与信鸽相关的活动（种鸽交流、信鸽展示会和信鸽拍卖活动）必须报相应一级体育行政部门批准，同时应接受公安、工商、税务等部门的管理和监督。

第六十五条　举办全国性和国际性信鸽展示会和拍卖会，必须经所在地区省级体育行政部门报国家体育总局批准。

第六十六条　在异地举办信鸽展示和拍卖活动须经当地信鸽协会同意报当地体育行政部门批准后实施。

第六十七条　组织信鸽拍卖活动，必须由公安部门批准的有特行许可证的拍卖行组织实施。拍卖应遵守《中华人民共和国拍卖法》。

第六十八条　生产和销售信鸽用具、饲料、营养保健品、药品必须符合国家有关法律规定，到工商部门办理营业执照及生产和销售许可证。

第六十九条　信鸽足环是协会会员参加信鸽活动的重要凭证，由中国信鸽协会统一定制并逐级下发，其他部门和个人不得仿制和销售。违者依法追究其责任。

第七十条　赛鸽专用计时钟的鉴定、使用、推荐和指定由中国信鸽协会负责。任何单位和组织不允许擅自使用未经中国信鸽协会批准认可的鸽钟。

第七十一条 用于信鸽竞赛测量空距的GPS仪器的型号和计算成绩使用的软件由中国信鸽协会审定。

第八章 卫生、环保和检疫

第七十二条 各级信鸽协会和会员要自觉、积极地配合当地有关部门，做好信鸽驯养卫生、环境保护和检疫工作，防止疾病传播，并按环保及美化城市的要求搭建鸽舍、鸽棚。

第七十三条 配合国家和地方检疫部门切实做好赛鸽出入境检疫工作。信鸽的出入境检疫要严格遵守《中华人民共和国进出境动植物检疫法》。

第七十四条 任何单位和个人办理引进和输出信鸽业务，必须向国家有关部门提出申请，办理手续。

第七十五条 对有欺骗和谎报检疫内容行为的单位和个人，将建议国家检疫部门取消其报检资格。

第七十六条 严禁非法引进和输出信鸽，违者依法追究其责任。

第九章 奖励与处罚

第七十七条 凡按照规定举办信鸽活动，对信鸽事业有突出贡献的组织、单位和个人，由中国信鸽协会报请国家体育行政部门给予表彰和奖励。

第七十八条 在从事信鸽活动过程中，违反本细则的，由各级信鸽协会根据有关条例予以处罚，并视情况轻重给予警告、取消其举办及参加活动的资格或罚款等处罚。

第七十九条 对违反本办法的中国信鸽协会团体会员，除按以上方式处理外，情节特别严重的，中国信鸽协会有权取消其团体会员资格。

第十章 附则

第八十条 信鸽活动管理办法实施细则由中国信鸽协会负责解释。

第八十一条 各级信鸽协会可依据本细则制定相应的管理条例。

第八十二条 未到体育行政部门和协会注册登记的单位和个人，应前往上述部门补办手续。

附件 裁判员守则

一、拥护中国共产党，热爱社会主义祖国，热爱体育事业，热心信鸽竞赛裁判工作。

二、努力钻研业务，精通本项规则和裁判法，积极参加实践活动，不断提高业务水平。

三、严格履行裁判员职责，做到严肃认真、公正、准确。

四、作风正派，不徇私情，实事求是，坚持原则，敢于同不良倾向作斗争。

五、讲文明，讲礼貌，裁判员之间互相学习，互相尊重，互相支持，加强团结，不搞宗派活动。

六、服从领导，遵守纪律，执行任务时精神饱满，服装整洁，仪表大方。

附件十六　中国信鸽协会裁判员管理办法

第一章　总则

第一条　为保证信鸽竞赛公平、公正、有序进行，规范信鸽竞赛裁判员（以下简称裁判员）资格认证、培训、考核、注册备案、年检、选派、处罚等监督管理工作，根据《中华人民共和国体育法》《体育竞赛裁判员管理办法》《信鸽活动管理办法》《中国信鸽竞赛规则》（2019 版）及中国信鸽协会（以下简称中鸽协）有关规定，制定本办法。

第二条　信鸽裁判员（以下简称裁判员）实行分级认证、分级注册、分级管理。

第三条　中鸽协负责对国家级裁判员的资格认证、培训、考核、注册、选派、处罚等（以下简称技术等级认证）监督管理工作。省级和地、市各级信鸽协会负责本地区相应等级裁判员的监督管理工作。

第四条　信鸽裁判员的技术等级分为国家级、一级、二级。获得国际鸽联有关裁判技术等级认证者，统称为国际级裁判员。

第五条　中鸽协负责我国国际级裁判员注册和日常管理工作，并对我国国际级裁判员在国内举办的体育竞赛中的执裁工作进行监管。

第六条　中鸽协负责对各级裁判员的技术等级认证等

工作的管理，具体负责对国家级裁判员进行技术等级认证等管理工作，负责对一级（含）以下裁判员的技术等级认证等工作进行管理和业务指导。

第七条 省级（含行业）信鸽协会负责本地区本系统一级（含）以下裁判员的技术等级认证等管理工作，经向中鸽协申请，有权推荐一级裁判员参加国家级晋级培训及考核。地（市）级信鸽协会负责本地区二级裁判员的技术等级认证等管理工作，经向省级信鸽协会申请，有权推荐二级裁判员参加一级晋级培训及考核。

第二章　裁判委员会

第八条 中鸽协裁判委员会 (以下简称裁委会) 是中国信鸽协会下设的专门委员会，在中鸽协的领导下，具体负责信鸽裁判员的技术等级认证等监督管理工作。

第九条 裁委会由主任 1 人、副主任 2 人、常委（或执委）、委员若干人组成。裁委会成员应由协会专职人员或注册的国际级、国家级裁判员组成。中鸽协专职人员在裁委会任职人数不超过委员总数的五分之一。每届裁委会任期四年。

第十条 裁委会委员由各省级信鸽协会依据相应程序推荐，由中鸽协审核批准后确定。裁委会主任和副主任由中鸽协提名推荐候选人，经中鸽协换届会议三分之二以上委员表决同意后生效。裁委会名单由中鸽协核准并在官方网站上公布。

第十一条　在竞赛执裁过程中出现过重大过失的，不得担任裁委会委员。

第十二条　裁委会负责制定信鸽裁判员发展规划；制定裁判员管理的相关规定和实施细则；组织裁判员培训、考核和国家级裁判员认证、注册；对裁判员奖惩提出意见；研究制定国内信鸽竞赛规则和裁判法规的补充规定及特殊规定等。

第十三条　各省级信鸽协会应当结合本地区情况参照本章的规定成立裁委会。省级裁委会应由不少于 3 名国家级或一级技术等级的裁判员组成，裁委会名单应当向中鸽协备案。

地（市）级信鸽协会也应参照本章规定成立裁委会，地（市）级裁委会原则上应由不少于 3 名一级（含）以上技术等级的裁判员组成，裁委会名单向省级协会备案。

各级裁委会名单应通过中鸽协官网向社会公布。

第三章　裁判员技术等级认证

第十四条　裁判员技术等级认证考核内容分为竞赛规则考核、临场执裁考核和职业道德考察。晋升国家级裁判员应当加试信鸽的国际工作语言，作为资格认证的参考。

第十五条　二级裁判员技术等级认证标准：年满 18 周岁，中国公民，能基本理解并正确运用信鸽竞赛规则，参加过当地地（市）级协会举办的信鸽裁判员培训班学习，能够掌握和正确运用信鸽竞赛规则，经培训并考核合格，有能力担任地（市）级信鸽竞赛裁判工作。

第十六条 一级裁判员技术等级认证标准：有能力担任省级竞赛裁判工作，任二级裁判员满两年，能够掌握和准确运用信鸽竞赛规则，经培训并考核合格。

第十七条 国家级裁判员技术等级认证标准：具有较高的裁判理论水平和执裁全国性信鸽竞赛经验，能够独立组织和完成信鸽竞赛的裁判工作，任一级裁判员满三年，经中鸽协培训并考核合格。

第十八条 中鸽协负责制定信鸽各技术等级裁判员培训、考核和技术等级认证的具体标准，以及报考国际级裁判员人选的考核推荐办法，具体标准和考核推荐办法经公布后执行。

第十九条 各级裁判员技术等级认证单位，不得跨地区、跨部门认证裁判员技术等级。裁判员由于工作调动，可持本人注册证明和裁判员证书到所在地方相应的注册单位申请变更注册单位。国家级裁判员变更注册单位，应当报中鸽协备案。

第二十条 各级裁判员资格认证单位应当至少每两年举办一次裁判员技术等级认证考核，授予合格者相应的裁判员技术等级称号。

第二十一条 中鸽协负责统一制作并发放信鸽各技术等级裁判员证书。

第二十二条 对各等级裁判员进行技术等级认证，不得收取费用。

第四章　裁判员注册管理

第二十三条　信鸽裁判员实行注册管理制度。对各级信鸽裁判员的注册条件和要求按照《信鸽裁判员技术等级制度实施办法》（附件 1）执行。

第二十四条　国际级、国家级裁判员按年度向中鸽协进行注册；各省级协会对一级裁判员进行注册或备案；二级裁判员注册或备案由地（市）级协会负责。

第二十五条　中鸽协、各省级和地（市）级协会应当建立裁判员注册信息库，并通过中鸽协官网公布以下主要信息：

（一）裁判员姓名、年龄、技术等级、注册申报单位；

（二）裁判员获得相应技术等级资格认证的时间以及参加相应等级竞赛裁判工作记录；

（三）裁委会对裁判员裁判工作的考评意见；

（四）参赛单位对注册裁判员的评价意见。

第二十六条　裁判员必须持有注册有效期内的相应裁判员技术等级证书方能参加各级信鸽竞赛的执裁工作。

第五章　裁判员选派

第二十七条　国际和全国性信鸽竞赛的临场仲裁、裁判长、副裁判长、主裁判员须由国家级裁判员担任，其他裁判员的技术等级应为一级（含）以上。

第二十八条 中鸽协选派裁判员参加全国性、国际性信鸽竞赛的裁判工作时，应在裁判员注册申报单位所在的省级协会备案。

第二十九条 各省级协会举办信鸽竞赛的仲裁、裁判长、副裁判长、主裁判员、其他裁判员的选派条件，由各省级协会做出规定。

第三十条 全国性和地方性信鸽竞赛的裁判员选派应当遵循以下原则：

（一）公开的原则；

（二）择优的原则；

（三）中立的原则。

第三十一条 国际和全国性信鸽竞赛，由中鸽协提出裁判员的选派条件、标准和程序，公开、公正进行选派。竞赛临场裁判员的选派采取回避、中立或抽签等方式进行。

第六章 裁判员权利和义务

第三十二条 各级裁判员享有以下权利：

（一）参加相应等级的竞赛裁判工作；

（二）参加裁判员的学习和培训；

（三）监督本级裁委会的工作开展，对于不良现象进行举报；

（四）享受参加竞赛时的相关待遇；

（五）对做出的相关处罚有申诉的权利。

第三十三条 各级裁判员应当承担下列义务：

（一）遵守《信鸽裁判员守则》（附件2），自觉遵守有关纪律和规定，廉洁自律，公正、公平执法；

（二）主动学习研究并熟练掌握运用信鸽竞赛规则；

（三）主动参加培训，并指导培训其他裁判员；

（四）主动承担并参加各类裁判工作，主动配合有关部门组织相关情况调查；

（五）主动服从管理，并参加相应技术等级裁判员的注册。

第七章 处罚

第三十四条 处罚分为警告、取消若干场次裁判执裁资格、取消裁判执裁资格一至两年、降低裁判员技术等级资格、撤销裁判员技术等级资格、终身禁止裁判员执裁资格。

第三十五条 中鸽协和各省级、地（市）级协会负责对相应等级的违规违纪裁判员做出处罚。

第八章 附则

第三十六条 中鸽协将根据本办法制定裁判员管理办法的实施细则和职业联赛裁判员的管理办法。

第三十七条 本办法自2019年7月1日起施行。

附件1 信鸽裁判员技术等级制度实施办法

一、对各技术等级的要求

各级裁判员都必须热爱信鸽事业，热心信鸽竞赛裁判工作；积极完成本职工作，掌握和正确运用信鸽竞赛规则；了解信鸽运动技术，在执行裁判工作中做到严肃、认真、准确；身体健康，视力良好，年龄在65岁以下。

（一）国家级裁判员

1. 精通信鸽竞赛规则，并能准确、熟练地运用；具有较高的裁判理论水平和丰富的实践经验；具有组织信鸽竞赛全面裁判工作能力。

2. 在全国性比赛中，担任过正、副裁判长；具有三次以上全国性比赛部门正、副裁判长的经历；具备训练一级以下各级裁判员的业务能力。

3. 具有三年以上一级裁判员的经历。

4. 掌握竞赛规则中的英语术语和裁判员用语。

5. 参加由中国信鸽协会组织的理论和实践考试，成绩达到优良。

（二）一级裁判员

1. 熟练掌握与运用信鸽竞赛规则，具有一定的裁判理论水平和实践经验，基本具备该项竞赛的全面裁判工作的能力。

2. 从事全国性信鸽比赛裁判工作两次以上，并能胜任省级比赛正、副裁判长职务。

3. 具备培训二级裁判员的能力。

4. 具有两年以上二级裁判员的经历。经省级信鸽协会培训并考核合格。

（三）二级裁判员

1. 年满 18 岁，熟悉信鸽竞赛规则，能较准确地运用，具有一定裁判工作经验。

2. 从事省级比赛裁判工作两次以上。

3. 经地（市）级信鸽协会培训并考核合格，有能力担任地（市）级信鸽竞赛裁判工作。

二、申请与审批手续

（一）具备申请信鸽技术等级条件的裁判员，必须填写统一印发的《等级裁判员申请表》，经所在单位和所属信鸽协会推荐并签署意见，报具有相应批准权限的协会审批。

（二）国家级裁判员、一级裁判员除进行必要的考核外，还须经过考试。国家级裁判员的考试，由中鸽协负责；一级裁判员的考试，由省级信鸽协会负责。对二级裁判员的考核，由地（市）级信鸽协会负责。

三、注册管理规定

每偶数年的 12 月 1 日至次年 1 月 31 日为信鸽国家级

裁判员注册期。裁判员必须到中鸽协秘书处进行注册。一级（含）以下裁判员由所属各级信鸽协会按年度进行注册，并报上一级协会备案。

四、裁判员违纪处分

（一）违犯国家法纪，撤消其裁判员等级称号。

（二）在原单位受到行政处分，在裁判工作中有明显技术错误或违反《信鸽裁判员守则》，视其情节轻重，给予批评教育、降低或取消裁判员等级称号的处分。

（三）对国家级裁判员降级和取消国家级裁判员称号的处分，须经中鸽协裁判委员会讨论报中鸽协批准。

附件2　信鸽裁判员守则

一、拥护中国共产党，热爱社会主义祖国，热爱信鸽事业，热心信鸽竞赛裁判工作。

二、努力钻研业务，精通信鸽竞赛规则，积极参加实践活动，不断提高业务水平。

三、严格履行裁判员职责，做到严肃、认真、公正、准确。

四、作风正派，不徇私情，实事求是，坚持原则，敢于同不良倾向作斗争。

五、讲文明，讲礼貌，裁判员之间互相学习、互相尊重、互相支持、加强团结，不搞宗派活动。

附件十七　仲裁委员会条例

第一条　仲裁委员会是信鸽竞赛的仲裁机构。它的任务是复审比赛期间执行竞赛规则、规程中发生的纠纷，保证竞赛规则、规程的正确执行。

第二条　仲裁委员会不受理按规则、规程规定应由执行裁判、裁判长（总裁判、裁判组）职权范围内处理的有关事宜。与竞赛无直接关系的违犯纪律、寻衅闹事、打架斗殴等行为，由组织委员会会同有关方面处理。

第三条　仲裁委员会由比赛组委会、体育行政管理部门、中国信鸽协会和裁判委员会组成。仲裁委员会人选由比赛组委会确定并公布。

第四条　在比赛过程中，裁判员作出的裁决为最后判决，参赛者必须服从裁判的判决。对裁判员的判决不服的，允许在比赛结束后 12 小时内向仲裁委员会正式提出申诉。经仲裁委员会复审，判定裁判员的判决是正确的，参赛者必须坚决服从；判定属于裁判员的错误，仲裁委员会可视情况对裁判员进行教育或处分，但不得改变裁判员在规则职权范围内作出的决定。

第五条　仲裁委员会根据申诉以及当场执行裁判、裁判组的书面报告，进行必要的调查研究，召开仲裁委员会会议进行讨论。开会时，可吸收有关裁判员列席参加会议（列席人员无表决权）。

仲裁委员会出席会议人员数必须超过半数以上，作出的决定方为有效。仲裁委员会对申诉所作的决定为最终裁决，并立即生效。所作决定应报竞赛组委会备案。

与本人所在单位有牵连的仲裁委员会成员不得参加有关问题的讨论。

第六条 参赛者和领队违犯竞赛规则、规程，经仲裁委员会复审判定有效后，仍无理纠缠的，应加重处罚。仲裁委员会可根据其错误程度给予批评、警告、严重警告、停止比赛或取消比赛资格的处分；并可建议有关体育行政管理部门给予处分。对需要给予停止参加全国比赛处分的，仲裁委员会可提出建议，报中国信鸽协会决定。

第七条 裁判员在执行裁判任务过程中，有突出表现的，仲裁委员会可写出书面报告，报主办单位或国家体育总局给予表扬；对有错误的，仲裁委员会可根据其错误程度，停止该裁判员若干场比赛或该次比赛的裁判资格，并可建议有关体育行政管理部门给予降低或撤消裁判员技术等级称号的处分。情节恶劣的，可建议所属单位给予行政处分。

第八条 仲裁委员会对比赛期间受理的申诉、控告应及时作出裁决，不得影响其他场次的比赛或发奖。

第九条 仲裁委员会是临时机构，比赛期间执行任务，比赛结束后自行撤消。